LIDERANDO
PARA O
SUCESSO

JOHN C. MAXWELL

LIDERANDO PARA O SUCESSO

DESCUBRA COMO SER UM MENTOR QUALIFICADO E
INFLUENCIAR POSITIVAMENTE AS PESSOAS

Tradução
Bárbara Coutinho e Leonardo Barroso

Rio de Janeiro, 2021

Título original
Mentoring 101

Copyright © 2008 por John C. Maxwell
Edição original por Thomas Nelson, Inc. Todos os direitos reservados.
Copyright da tradução© Vida Melhor Editora LTDA., 2010.

PUBLISHER	*Omar de Souza*
EDITORES	*Aldo Menezes e Samuel Coto*
COORDENAÇÃO DA PRODUÇÃO	*Thalita Ramalho*
TRADUÇÃO	*Bárbara Coutinho*
	e Leonardo Barroso
REVISÃO	*Margarida Seltmann,*
	Magda de Oliveira Carlos
	e Cristina Loureiro de Sá
CAPA	*Valter Botosso*
DIAGRAMAÇÃO	*Julio Fado*

CIP-BRASIL. CATALOGAÇÃO NA FONTE
SINDICATO NACIONAL DOS EDITORES DE LIVROS, RJ

M419a

Maxwell, John C., 1947-
  Liderando para o sucesso: descubra como ser um mentor qualificado e
influenciar positivamente as pessoas / John C. Maxwell; [tradução Barbara
Coutinho e Leonardo Barroso]. - 1.ed. - Rio de Janeiro: Vida Melhor,
2015.

  Tradução de: Mentoring 101
  ISBN 978.85.6699.722-4

  1. Mentores nos negócios. I. Título. II. Título: O que todo líder deve
saber.

09-5872.   CDD: 658.3124
                                  CDU: 005.963.1

Thomas Nelson Brasil é uma marca licenciada à Vida Melhor Editora LTDA.
Todos os direitos reservados à Vida Melhor Editora LTDA.
Rua da Quitanda, 86, sala 218 – Centro – 20091-005
Rio de Janeiro – RJ – Brasil
Tel.: (21) 3175-1030
www.thomasnelson.com.br

SUMÁRIO

Prefácio   7

PARTE I: PREPARANDO-SE PARA SER UM MENTOR

1. O que eu preciso saber antes de começar?   11

2. Como posso adotar o pensamento de um mentor?   19

PARTE II: ENGAJANDO-SE NO PROCESSO DE MENTORIA

3. De quem eu devo ser mentor?   33

4. Como posso preparar as pessoas para o sucesso?   47

5. Como posso ajudar as pessoas a fazer um
   trabalho melhor?   61

6. Como crio o ambiente certo?   77

Sumário

Parte III: Elevando o nível das pessoas

7. Como eu as ajudo a se tornarem pessoas melhores?   95

8. O que eu devo fazer se essas pessoas ultrapassarem
   meu próprio nível?   105

Notas   117

Sobre o autor   119

PREFÁCIO

Tenho sido apaixonado por desenvolvimento pessoal a maior parte de minha vida. Na verdade, criei e persegui um plano de desenvolvimento a cada ano nos últimos 40 anos! As pessoas dizem que a sabedoria vem com a idade. Não acredito nisso. Às vezes, a idade vem sozinha. Eu não teria alcançado nenhum dos meus sonhos se não tivesse me dedicado ao desenvolvimento contínuo. Se você quer crescer e se tornar a melhor pessoa que puder ser, você tem de querer de verdade.

Ao mesmo tempo, minha vida é ocupada e complexa. A maioria das pessoas vê o fim do dia muito antes de completar sua lista de afazeres. E tentar chegar ao final em quase qualquer área da vida pode ser um desafio. Você sabia que já se produziu mais informação nos últimos 30 anos do que nos cinco mil anos anteriores? Uma edição semanal do *The New York Times* contém mais informação do que a

PREFÁCIO

maioria das pessoas da Inglaterra do século XVII poderia vir a saber a vida inteira.

Em muitos de meus livros mais extensos, me aprofundo em cada assunto. Faço isso porque acredito que muitas vezes é a melhor maneira de agregar valor às pessoas. Este livro é diferente. É uma introdução a um assunto, não o "curso avançado". Mas acredito que vai lhe ajudar durante uma ascensão significativa nessa área de sua vida.

Espero que goste deste livro, e oro para que seja útil em sua busca para melhorar sua vida e alcançar seus sonhos.

PARTE I

PREPARANDO-SE PARA SER UM MENTOR

Capítulo 1

O que eu preciso saber antes de começar?

*Se você quer vencer como mentor,
primeiro busque entender a si e aos outros.*

A maioria das pessoas que deseja sucesso foca quase que inteiramente em si, não nos outros, quando começa a trilhar a jornada. Geralmente, elas pensam naquilo que podem conseguir — posição, poder, prestígio, dinheiro e benefícios. Mas esse não é o jeito de se tornar verdadeiramente uma pessoa de sucesso. Para isso, você tem que se dar aos outros. Como disse Douglas M. Lawson: "Nós existimos temporariamente pelo que tomamos, mas vivemos para sempre pelo que damos".

É por isso que é tão essencial focar no desenvolvimento dos outros em direção a um nível mais alto. E podemos fazer isso com pessoas de todas as áreas da nossa vida — no trabalho e em casa, na igreja e no clube. Foi evidentemente isso que fez o representante do Texas no Congresso americano, Wright Patman, de acordo com uma história contada pelo senador Paul Simon. Ele disse que Patman morreu aos 82 anos de idade enquanto servia na U.S. House of Representatives [equivalente à Câmara dos Deputados no Brasil]. Durante o funeral, uma mulher mais velha que morava em seu distrito disse: "Ele cresceu até as alturas, mas levou todos com ele."

POR QUE MUITAS PESSOAS NÃO QUEREM SER MENTORES

Se ser mentor de alguém é um chamado tão recompensador, por que nem todo mundo o faz? Uma razão é que dá trabalho. Mas também há muitas outras. Aqui estão algumas das mais comuns.

INSEGURANÇA

Virginia Arcastle comentou: "Quando as pessoas se sentirem seguras, importantes e valorizadas, não será mais necessário, para elas, reduzir os outros para parecerem maiores em comparação." É isso que as pessoas inseguras tendem a fazer — querer parecer melhores à custa dos outros.

Pessoas realmente bem-sucedidas, por outro lado, elevam as outras. E não se sentem ameaçadas pela ideia de outros se tornarem mais bem-sucedidos e subirem a um nível mais alto. Estão ascendendo e tentando atingir seu potencial; não estão preocupadas com o fato de alguém as substituir. Não se parecem com o executivo que escreveu um memorando para o diretor de RH dizendo: "Procure na organização um jovem alerta e agressivo que poderia estar no meu lugar — e quando o encontrar, demita-o." Elevar os outros é a alegria de uma pessoa de sucesso.

EGO

O ego de algumas pessoas é tão grande que elas têm de ser ou a noiva no casamento ou o morto no velório. Acham que as outras pessoas existem apenas para servi-las de um jeito ou de outro. Adolf Hitler era assim. De acordo com Robert Waite, quando Hitler estava procurando um chofer, entrevistou 30 candidatos para a vaga. Selecionou o homem mais baixo do grupo e o manteve como seu chofer particular pelo resto da vida — mesmo que o homem precisasse de blocos especiais sob o assento do motorista para poder ver por cima do volante.[1] Hitler usava os outros para se fazer aparecer maior e melhor do que realmente era. Uma pessoa consumida por si mesma nunca pensa em passar um tempo elevando os outros.

INABILIDADE PARA PERCEBER AS "SEMENTES DO SUCESSO" DAS PESSOAS

Acredito que todo mundo tem a semente do sucesso dentro de si. Muitas pessoas não conseguem achá-la em si mesmas, imagine nos outros, e, como resultado, não atingem seu potencial. Mas muitas encontram essa semente, e pode ser que você seja uma dessas pessoas. A boa notícia é que uma vez encontrando-a, você é mais capaz de fazer o mesmo com os outros. Quando você o faz, isso beneficia a ambos, porque você e a pessoa que você ajuda poderão preencher os propósitos para os quais cada um de vocês nasceu.

A capacidade de encontrar a semente do sucesso no outro requer compromisso, diligência e um desejo genuíno de focar nos outros. Você tem de olhar para os dons da pessoa, seu temperamento, suas paixões, seus sucessos, suas alegrias e suas oportunidades. E depois que você encontrar essa semente, precisa fertilizá-la com incentivos e regá-la com oportunidades. Se você o fizer, a pessoa vai florescer diante dos seus olhos.

CONCEITO ERRADO DE SUCESSO

O verdadeiro sucesso é conhecer seu propósito, desenvolver-se para atingir seu potencial máximo e plantar sementes para beneficiar os outros. As pessoas comuns não sabem disso. Estão se acotovelando para chegar a um destino ou adquirir mais posses que os vizinhos.

Fred Smith disse: "Alguns de nós tendem a pensar, *eu poderia ter tido sucesso, mas nunca tive a oportunidade. Não nasci na família certa, ou não tive o dinheiro para ir para a melhor escola.* Mas quando medimos o sucesso pelo quanto estamos usando o que recebemos, isso elimina a frustração." E um dos aspectos mais vitais de como estamos usando o que recebemos surge nessa área de ajudar os outros. Como disse Cullen Hightower: "Uma medida verdadeira do seu valor inclui todos os benefícios que os outros adquiriram do seu sucesso."

Falta de treinamento

A razão pela qual muitas pessoas não elevam as outras à sua volta é que elas não sabem como fazê-lo. Ser mentor de outros não é uma coisa que a maioria das pessoas aprende na escola. Mesmo se você fosse à universidade para se tornar professor, provavelmente seria treinado para disseminar informações para um grupo, não para caminhar ao lado de uma única pessoa e elevá-la a um nível mais alto.

O que você precisa saber ao começar

Elevar as pessoas a um nível mais alto e ajudá-las a serem pessoas de sucesso envolve mais do que lhes dar informações ou habilidades. Se esse não fosse o caso, cada novo empregado iria de estagiário ao sucesso assim que entendesse como fazer seu trabalho; toda criança seria bem-sucedida sempre que aprendesse algo novo na escola. Mas o sucesso não segue automaticamente o conhecimento. O processo é complicado porque você está trabalhando com pessoas. No entanto, entender alguns conceitos básicos sobre as pessoas abre as portas à sua habilidade de desenvolver os outros. Por exemplo, lembre-se de que:

Todo mundo quer se sentir valorizado

Donald Laird disse: "Sempre ajude os outros a aumentar sua própria autoestima. Desenvolva sua habilidade de fazer as outras pessoas se sentirem importantes. Não há elogio

PARTE I

maior que você possa fazer a uma pessoa do que ajudá-la a ser útil e encontrar satisfação em sua utilidade." Quando uma pessoa não se sente bem em relação a si mesma, ela nunca vai acreditar que tem sucesso, não importa o que consiga. Mas uma pessoa que se sente valorizada está pronta para o sucesso.

TODO MUNDO PRECISA E REAGE A INCENTIVOS

Uma das minhas citações favoritas vem do industrial Charles Schwab, que disse: "Ainda estou para encontrar o homem, não importa quão elevada sua posição, que não trabalhasse e se esforçasse mais sob um espírito de aprovação do que sob um espírito de crítica." Se você deseja elevar uma pessoa, então você precisa se tornar um de seus apoiadores mais firmes. As pessoas sabem quando você não acredita nelas.

AS PESSOAS SÃO NATURALMENTE MOTIVADAS

Descobri que as pessoas são naturalmente motivadas. Se você duvida disso, observe crianças pequenas assim que elas acabam de aprender a andar. Gostam de tudo. Têm uma curiosidade natural, e não dá para fazê-las ficarem paradas. Acredito que esse senso nato de motivação continua a existir em adultos, mas para muitas pessoas ele foi minado por falta de apoio, a vida ocupada, o estresse, más atitudes, falta de valorização, poucos recursos, treinamento fraco ou comunicação falha. Para deixar as pessoas animadas quanto a atingir seu potencial, você precisa remotivá-las. Depois que você as ajuda a deixar para trás as coisas antigas que as puxavam para baixo, muitas vezes elas se motivam.

AS PESSOAS "COMPRAM" AS OUTRAS ANTES DE "COMPRAREM" SUA LIDERANÇA

Muitas pessoas sem sucesso que tentam liderar os outros têm a crença enganosa de que as pessoas as seguirão porque sua causa é boa. Mas não é assim que a liderança funciona. As pessoas o seguirão apenas quando acreditarem em você. Esse princípio se aplica até mesmo quando você está se oferecendo para desenvolver outras pessoas e elevá-las a um nível mais alto.

Quanto mais você entender as pessoas, maior será a sua chance de sucesso como mentor. E se você tiver habilidades interpessoais altamente desenvolvidas e genuinamente se importar com os outros, o processo provavelmente virá a você naturalmente.

CAPÍTULO 2

COMO POSSO ADOTAR
O PENSAMENTO DE UM MENTOR?

*Ser mentor é ser quem você é
tanto quanto o que você faz.*

Quer você tenha um talento natural para interagir positivamente com as pessoas ou realmente tenha de se esforçar para
isso, você é capaz de ser mentor de outros e de elevá-los a um
nível mais alto. Você pode ajudá-los a desenvolver um guia
para o sucesso e, assim, embarcarem na mesma jornada desde
que você continue a crescer como pessoa e como líder.

PENSE COMO MENTOR

Aqui estão os passos que você precisará dar para se transformar no mentor que você é capaz de ser:

PARTE I

1. FAÇA DO DESENVOLVIMENTO DE PESSOAS SUA PRIORIDADE MÁXIMA

Se você quiser ser um sucesso no desenvolvimento de pessoas, você tem de fazer disso uma prioridade. É sempre mais fácil dispensar as pessoas que desenvolvê-las. Se você não acredita, simplesmente pergunte a qualquer empregador ou advogado especializado em divórcios. Porém, muitas pessoas não percebem que enquanto dispensar os outros é fácil, paga-se também um alto preço por isso. Nos negócios, os custos vêm da produtividade perdida, custos administrativos de demitir e contratar, e moral baixo. No casamento, o custo muitas vezes são vidas partidas.

Aprendi essa lição quando estava em meu primeiro pastorado. Meu desejo era construir uma grande igreja. Pensei que seria um sucesso se o fizesse. E alcancei esse objetivo. Aumentei uma pequena congregação de três pessoas para mais de 250, e o fiz em uma pequena comunidade rural. Mas fiz a maioria das coisas sozinho — apenas com a ajuda de minha esposa, Margaret. Não desenvolvi mais ninguém. Como resultado, obtivemos sucesso apenas nos lugares em que eu toquei. Recebemos reclamações em todos os lugares em que eu não toquei; e muitas coisas desmoronaram quando deixei aquela atividade.

Aprendi muita coisa com essa experiência, e em minha segunda posição, fiz do desenvolvimento dos outros minha prioridade. Em um período de oito anos, desenvolvi 35 pessoas. Elas elevaram aquela igreja e fizeram dela um sucesso. E, depois que deixei a igreja, ela foi tão bem-sucedida como quando eu estava lá, porque aqueles outros líderes puderam seguir adiante sem mim. Se você quiser fazer a diferença na vida dos outros, faça o mesmo. Comprometa-se com o desenvolvimento das pessoas.

2. LIMITE O NÚMERO DE PESSOAS QUE VOCÊ LEVA

Quando você começar a desenvolver as pessoas, pense nisso como algo parecido com uma viagem em um pequeno avião particular. Se você tentar levar muitas pessoas, nunca vai sair do chão. Além do mais, seu tempo é limitado.

Quando ministro seminários de liderança, sempre ensino o que é conhecido como o Princípio de Pareto (80/20): resumidamente, ele diz que, se você concentrar sua atenção nos 20 por cento principais em qualquer coisa que você faça, receberá um retorno de 80 por cento. No caso de desenvolver pessoas, você deve passar 80 por cento de seu tempo desenvolvendo apenas as 20 por cento principais pessoas à sua volta. Isso incluiria as pessoas mais importantes em sua vida, como sua família, e as pessoas que têm o maior potencial. Se você tentar ser mentor e desenvolver mais que isso, não vai dar conta.

3. DESENVOLVA RELACIONAMENTOS ANTES DE COMEÇAR

Os melhores líderes entendem o papel importante dos relacionamentos no que tange o sucesso. Por exemplo, Lee Iacocca uma vez perguntou ao lendário treinador Vince

PARTE I

Lombardi, dos Green Bay Packers, o que era necessário para fazer um time vencedor. Aqui a resposta de Lombardi:

> Existem muitos treinadores com bons clubes que conhecem os fundamentos e têm muita disciplina, mas ainda assim não ganham o jogo. Aí você chega ao terceiro ingrediente: se vocês vão jogar juntos, como um time, vocês têm que se importar uns com os outros. Vocês têm que amar uns aos outros. Cada jogador tem que estar pensando no cara do lado e dizendo a si mesmo: "Se eu não bloquear esse cara, Paul vai quebrar as pernas. Tenho que fazer bem a minha parte para que ele possa fazer a dele." A diferença entre a mediocridade e a grandeza é o sentimento que esses caras têm uns pelos outros.[1]

Esse conceito não se aplica unicamente ao futebol americano. Também se aplica a indivíduos viajando juntos como mentor e aprendiz. Se os relacionamentos pessoais não estiverem lá primeiro, as pessoas não vão chegar longe juntas.

Ao se preparar para desenvolver outras pessoas, tire um tempo para que se conheçam. Peça-lhes que compartilhem sua história, sua jornada até agora. Descubra o que as motiva, suas forças e fraquezas, seu temperamento. E passe algum tempo com elas fora do ambiente onde você geralmente as vê. Se vocês trabalharem juntos, então façam um esporte juntos. Se vocês se conhecem da igreja, vá até o local de trabalho delas. Se vocês estudam juntos, então se encontrem em casa. Você pode até usar esse princípio no lar com sua família. Por exemplo, se você passar algum tempo com seus filhos fora de seu ambiente diário, aprenderá muito mais sobre eles. Isso desenvolverá seu relacionamento de maneiras em que não foram antes, e o ajudará a crescer.

Outra vantagem de construir relacionamentos com as pessoas antes de começarem a jornada juntos é que você descobre o tipo de "companheiros de viagem" que vai ter. Ao trazer os outros para perto de você para a jornada ao sucesso, escolha pessoas de que você acha que vai gostar. Depois as conheça para verificar sua escolha. É a melhor maneira de ser eficaz — e curtir a viagem.

4. Ofereça ajuda incondicionalmente

Quando começar a desenvolver as pessoas, você nunca deve entrar nisso com a ideia de obter alguma vantagem. Essa atitude quase que certamente vai se virar contra você. Se você esperar receber algo em troca e não o receber, ficará amargurado. E se você receber menos do que espera, se ressentirá do tempo que gastou. Não, você tem de entrar no processo não esperando nada além de satisfação pessoal. Dê por dar — só pela alegria de ver outra pessoa aprender a voar. Quando você olha por esse ângulo, sua atitude sempre ficará positiva. E quando você receber alguma coisa em troca, será uma situação maravilhosa na qual todos sairão ganhando.

5. Deixe que elas voem com você por um tempo

Quero compartilhar um segredo que garantirá seu sucesso como mentor. Está pronto? Aí vai: nunca trabalhe sozinho. Eu sei que parece excessivamente simplista, mas é verdadeiramente o segredo para desenvolver os outros. Sempre que você fizer qualquer coisa que queira passar para os outros, leve alguém com você.

Isso não é necessariamente uma prática natural para muitos de nós. O modelo de aprendizado que é usado pela maioria das pessoas para ensinar foi passado pelos gregos. É uma abordagem de "sala de aula" cognitiva, como a usada por Sócrates para ensinar Platão, e por Platão para ensinar Aristóteles. O líder se levanta e fala, fazendo perguntas ou fazendo uma palestra. O seguidor se senta a seus pés, ouvindo. Seu objetivo é compreender as ideias do instrutor.

Mas esse não é o único modelo disponível para desenvolver os outros. Também temos o usado por outra cultura antiga: os hebreus. Seu método era mais um treinamento enquanto se trabalhava. Era construído sobre relacionamentos e experiência comum. É o que os artesãos fazem há séculos. Eles pegam aprendizes, que trabalham com eles até dominarem sua arte, e poderem passá-la adiante. O modelo é mais ou menos assim:

- *Eu faço.* Primeiro eu aprendo a fazer o trabalho. Tenho de entender o porquê e o como, e tentar aperfeiçoar minha arte.
- *Eu faço — e você observa.* Eu demonstro enquanto você observa, e durante o processo, eu explico o que estou fazendo e por quê.
- *Você faz — e eu observo.* Assim que possível, invertemos os papéis. Eu lhe dou a permissão e a autoridade para assumir o serviço, mas fico com você para oferecer meus conselhos, correções e incentivos.

- *Você faz.* Quando você estiver proficiente, eu me afasto e deixo você trabalhar sozinho. O aprendiz é elevado a um nível mais alto. E assim que estiver nesse nível mais alto, o mestre está livre para seguir adiante para coisas mais elevadas.

Em todos os anos em que preparei e desenvolvi os outros, nunca encontrei um jeito melhor de fazê-lo do que esse. E há muito tempo, sempre que me preparava para executar uma de minhas tarefas, me acostumei a levar a pessoa que eu queria preparar para essa tarefa. Antes de o fazermos, conversávamos sobre o que ia acontecer. E depois, discutíamos o que fizemos.

Talvez você já tenha feito isso com as pessoas. Se ainda não o fez, experimente, porque realmente funciona. É só se lembrar de incluir os outros como parte do processo de planejamento. Você não vai querer se ver fazendo tudo sozinho, nem simplesmente agarrar qualquer um que esteja disponível. Seu objetivo é passar o tempo com as pessoas que planejou desenvolver. E sempre selecione as pessoas e as escolha para tarefas que correspondem a seus pontos fortes. Qualquer um que permaneça em uma área onde apresenta fraqueza por um período de tempo estendido vai ficar frustrado e estressado. Mas uma pessoa desenvolvida em uma onde se apresenta área forte vai ser catapultada em direção a seu potencial.

6. PONHA COMBUSTÍVEL NO TANQUE DELAS

As pessoas não vão muito longe sem combustível — e isso significa recursos para seu contínuo crescimento pessoal.

PARTE I

Qualquer mentor pode dar esse presente valioso a alguém que esteja desenvolvendo. Muitas pessoas não sabem onde encontrar bons recursos ou que tipo de materiais selecionar, principalmente quando acabaram de começar.

Compartilho regularmente livros, CDs e DVDs com as pessoas que estou desenvolvendo e preparando. E também gosto de mandá-las para seminários. Meu objetivo é sempre "trazer alguma coisa para a mesa" quando passo um tempo com alguém, seja empregado, colega ou amigo. Você pode fazer o mesmo pelos outros. Existem poucas coisas melhores do que botar nas mãos dos outros um recurso que pode ajudar a levá-los para o próximo nível.

7. Fique com elas até que possam caminhar sozinhos com êxito

Já ouvi que todo aspirante a piloto anseia pelo primeiro voo solo com expectativa — e certa dose de medo. Mas um bom instrutor de voo não deixaria um aluno voar solo enquanto não estivesse pronto, nem o deixaria evitar seu voo solo quando estivesse pronto. Acho que você pode dizer que essa é a diferença entre um mentor e um aspirante a mentor. É como a diferença entre um instrutor de voo e um agente de viagens. O primeiro fica com você, guiando-o por todo o processo até que você esteja pronto para voar. O outro lhe entrega um bilhete e diz: "Tenha um bom voo."

Ao desenvolver as pessoas, lembre-se de que você as está levando na jornada para o sucesso com você, não as enviando.

26

Fique com elas até estarem prontas para voar. E quando estiverem prontas, faça-as ir.

8. LIMPE O CAMINHO DO VOO

Mesmo depois de ensinar as pessoas a voar, dar-lhes combustível e a permissão para assumir o controle, alguns mentores não dão o último passo necessário para tornar seus aprendizes bem-sucedidos.

Eles não lhes dão um caminho de voo desimpedido. Não restringem intencionalmente as pessoas que estão desenvolvendo, mas ainda assim isso acontece.

Aqui estão vários obstáculos comuns criados por mentores para potenciais líderes:

- *Falta de uma direção clara:* Muitas vezes um líder em potencial tem um mentor e aprende como fazer um trabalho, e depois é deixado à deriva, sem nenhuma direção de seu líder.
- *Burocracia:* Ou a pessoa aprende como seu líder trabalha e pensa, e então é posta em um sistema burocrático que reprime o espírito inovador que o mentor acabou de engendrar.
- *Isolamento:* Todo mundo precisa de uma comunidade de pessoas com quem compartilhar e de onde buscar apoio. Muitas vezes, se o mentor não o fornece, o novo líder não o terá.
- *Trabalho em vão:* Trabalho sem nenhum valor percebido tira o moral e desmotiva as pessoas.

PARTE I

- *Comunicação falha ou desonesta:* Uma agenda que não é comunicada honestamente à pessoa sendo desenvolvida atrapalha o relacionamento e confunde o potencial líder.

Depois que você começa a desenvolver os outros, certifique-se de que você não está deixando obstáculos no caminho deles. Dê-lhes direção clara, apoio positivo e liberdade para voar. Seus atos podem fazer a diferença entre o fracasso e o sucesso deles. E quando eles vencem, você também vence.

9. AJUDE-OS A REPETIR O PROCESSO

Depois que você tiver feito tudo que pode para ajudar seus aprendizes, e eles decolaram e estão voando alto, você pode pensar que acabou. Mas não acabou. Ainda há mais um passo que você deve dar para completar o processo. Você deve ajudá-los a repetir o processo de desenvolvimento e ser mentores de outros. Veja bem, não há sucesso sem um sucessor.

Uma grande alegria na minha vida tem sido ver como os líderes que eu desenvolvi e preparei deram a volta e repetiram o processo com outras pessoas. Deve ser parecido com a alegria que um bisavô sente ao ver as gerações que foram criadas em sua família. Em cada geração consecutiva, o sucesso continua.

Esse processo de reprodução se tornou um padrão em minha vida. Por exemplo, quando cheguei a San Diego em 1981, contratei uma assistente chamada Barbara Brumagin. Eu a treinei, ensinando-lhe tudo que ela precisava saber para maximizar meu tempo e meus talentos. Ela ficou comigo por 11 anos. Mas antes de me deixar, ela preparou Linda Eggers, minha assistente hoje.

Talvez o exemplo mais notável de desenvolvimento tenha sido Dan Reiland, que foi meu pastor executivo por muitos anos. Durante os primeiros oito anos em que trabalhou para mim, passei um bom tempo desenvolvendo-o. Depois, nos próximos seis anos, ele assumiu a responsabilidade de ser mentor e preparar todo meu pessoal. Além disso, ele também desenvolveu pessoalmente bem mais de cem pessoas sozinho. Muitas dessas pessoas estão dando continuidade ao processo, produzindo mais uma geração de líderes de sucesso. Agora, Dan desenvolve o pessoal na 12Stone Church, na Geórgia.

ELEVE OS OUTROS A UM NÍVEL MAIS ALTO

Os efeitos positivos de desenvolver os outros são notáveis. Mas você não precisa ser uma pessoa notável ou extraordinariamente talentosa para ser mentora de outras pessoas. Você pode elevar as pessoas à sua volta e lhes ensinar a voar. São necessários vontade e compromisso com o processo, mas é a parte mais recompensadora do sucesso. Elevar os outros é a maior alegria do mundo. Depois que as pessoas aprendem a voar, são capazes de ir a qualquer lugar. E, às vezes, quando estiverem voando alto, ajudam você também.

Leve os outros com você e ajude-os a mudar suas vidas para melhor. Nada na vida é mais divertido — nem tem retorno maior. Você nunca vai se arrepender do tempo que investir nas pessoas.

PARTE II

ENGAJANDO-SE NO PROCESSO DE MENTORIA

Capítulo 3

De quem eu devo ser mentor?

*Invista seu tempo nas pessoas
que vão lhe dar o maior retorno.*

Com o tempo, aprendi esta lição significativa: as pessoas mais próximas de mim determinam meu nível de sucesso ou fracasso. Quanto melhores elas forem, melhor eu sou. E se eu quiser subir ao nível mais alto, só poderei fazê-lo com a ajuda de outras pessoas. Temos de elevar uns aos outros.

Descobri essa verdade cerca de 15 anos atrás, quando me aproximava de meu aniversário de 40 anos. Nessa época, eu já me sentia muito bem-sucedido. Eu era o líder da maior igreja em minha denominação. Tinha publicado cinco livros. Era reconhecido como uma autoridade em liderança, e estava ensinando o assunto ao vivo em conferências e lições em áudio todo mês. Estava preenchendo o propósito para o qual fui criado, diariamente progredindo para atingir meu potencial e plantando sementes que beneficiavam os outros. Mas meu desejo era causar um impacto ainda maior. Queria subir a outro nível, totalmente novo.

Meu problema foi que eu tinha chegado a um beco sem saída. Estava comandando uma grande organização que exigia muito do meu tempo. Eu tinha família. Estava escrevendo livros, lições de liderança e sermões o tempo todo. E, além disso tudo, minha agenda de viagens estava lotada. Não tinha mais como encaixar nada. Foi aí que eu fiz a descoberta fantástica. Os únicos lugares onde minha influência e produtividade estavam crescendo eram onde eu tinha identificado potenciais líderes e os desenvolvido.

Minha intenção ao desenvolver líderes tinha sido ajudá-los a melhorar, mas descobri que também estava me beneficiando. Passar algum tempo com eles tinha sido como investir dinheiro. Eles tinham crescido, e ao mesmo tempo eu tinha colhido dividendos incríveis. Foi então de percebi que se eu quisesse ir para o próximo nível, teria de me estender por intermédio dos outros. Encontraria líderes e poria minha vida neles, fazendo meu melhor para elevá-los a um novo nível. E quando eles melhorassem, eu também melhoraria.

ENCONTRANDO AS PESSOAS
CERTAS PARA A JORNADA

Ao longo dos anos, restringi a apenas dez coisas o que procuro em um potencial líder de quem quero ser mentor, e quero compartilhá-las com você. Aqui estão elas em ordem de importância. As pessoas de quem quero ser mentor...

1. FAZEM AS COISAS ACONTECEREM

O milionário filantropo Andrew Carnegie disse: "À medida que envelheço, presto menos atenção ao que os homens falam. Simplesmente observo o que eles fazem." Descobri que esse é um sábio conselho. E ao observar as ações das pessoas, descobri que as que quero comigo são as que fazem as coisas acontecerem. Essas pessoas descobrem recursos em lugares que se pensava estarem estéreis. Encontram possibilidades onde você achava que não havia nenhuma. Criam oportunidades onde você imaginava que elas não existiam. Pegam algo mediano e o tornam excepcional. Nunca criam desculpas — sempre arrumam um jeito de fazer as coisas acontecerem.

Cerca de 20 anos atrás, vi um relato em uma revista e o recortei porque é um grande exemplo de como alguém com muito potencial realmente sabe como fazer as coisas acontecerem. Era chamado "Vendê, Não Soletrá". Dizia que um vendedor recém-contratado escreveu seu relatório de vendas para a matriz depois de trabalhar em seu território na primeira semana. O gerente de vendas ficou chocado, pois percebeu que tinha contratado um analfabeto. Aqui está o que o relatório dizia: "Eu fui e viu uma galera que nunca tiham comprados nada de nóis antis e fiz uma boua venda pra eles. Agora eu tô segindo para Nova Yorke."

35

PARTE II

O gerente entrou em pânico. Mas antes de conseguir achar o vendedor e demiti-lo, recebeu um segundo relatório. Ele dizia: "Tô aqi a apenas dos dias e veindi qinheintos mil."

Aí o gerente ficou confuso de vez. Não podia manter um vendedor analfabeto, mas também não podia mandar embora um vendedor que tinha vendido mais que todo mundo da equipe de vendas. Então ele fez o que todo bom gerente faz: jogou o problema nas mãos do presidente da empresa.

Na manhã seguinte, todos no departamento de vendas ficaram surpresos ao verem as duas cartas do vendedor no quadro de avisos com o seguinte memorando do presidente: "A gente temos gasto muinto tempo tentano soletrá invesde tentano vendê. Vamo elevá nossas venda. Leiem essas duas carta do nosso melhor vendedor. Ele tá fazeno um hótimo trabalio e voceis todo divia di fazê o mermo que ele."

Mesmo sob as piores circunstâncias — ou com grandes deficiências — as pessoas com potencial fazem as coisas acontecerem. O Dr. George W. Crane observou: "Não há futuro em nenhum emprego. O futuro está na pessoa que ocupa o emprego." Se você quiser ir longe na jornada para o sucesso, associe-se a pessoas que saibam fazer as coisas acontecerem.

2. Veem e aproveitam as oportunidades

Muitas pessoas conseguem reconhecer uma oportunidade depois que ela já passou. Mas ver as oportunidades vindo, esse é um assunto totalmente diferente. As oportunidades raramente vêm com rótulos. É por isso que você tem que aprender como elas são e como aproveitá-las.

36

As melhores pessoas para orientar não se recostam e esperam as oportunidades virem até elas. Elas tomam para si a responsabilidade de sair e encontrá-las. É parecido com as duas maneiras de você pegar alguém que não conhece no aeroporto. Uma das maneiras é fazer um cartaz com o nome da pessoa, ficar perto da esteira das bagagens e esperar a pessoa encontrar você. Se ela o vir, ótimo. Se não o vir, você continua esperando. A outra maneira é descobrir como a pessoa é, se posicionar estrategicamente perto do portão certo, e procurá-la até encontrar. Existe um mundo de diferença entre as duas abordagens.

Ellen Metcalf disse: "Eu gostaria de melhorar a ideia de estar no lugar certo na hora certa. Há muitas pessoas que estavam no lugar certo, mas não sabiam. Você tem de reconhecer quando o lugar certo e a hora certa se fundirem e aproveitar a oportunidade. Há muitas oportunidades por aí. Não se pode sentar e esperar." Bons líderes em potencial sabem disso, e não deixam tudo para a sorte também. De acordo com Walter P. Chrysler, fundador da corporação automotiva com seu nome, "o motivo pelo qual tantas pessoas nunca chegam a lugar nenhum na vida é porque quando a oportunidade bate, elas estão no quintal dos fundos procurando trevos de quatro folhas."

Pergunte a si mesmo, das pessoas à sua volta, quem sempre parece conseguir reconhecer as oportunidades e aproveitá-las? As pessoas com essas qualidades são aquelas com quem você provavelmente vai querer passar um tempo como mentor.

PARTE II

3. INFLUENCIAM OS OUTROS

Tudo ascende e cai com a liderança. Isso é verdade porque a habilidade de uma pessoa para fazer as coisas acontecerem com os outros e por intermédio deles depende inteiramente de sua habilidade em liderá-los. Sem liderança, não há trabalho em equipe, e as pessoas seguem seus próprios caminhos. Se seu sonho é grande e exige o trabalho em equipe de um grupo de pessoas, então quaisquer potenciais líderes que você selecione para acompanhá-lo na jornada precisarão ser pessoas de influência. Afinal de contas, é isso que é liderança — influência. E quando você pensa nisso, todos os líderes têm duas coisas em comum: estão indo para algum lugar e conseguem persuadir os outros a irem com eles.

Ao olhar para as pessoas à sua volta, considere o seguinte:

- *Quem as influencia?* Pode-se dizer muito sobre quem elas vão influenciar e como o farão sabendo quem são seus ídolos e mentores.
- *Quem elas influenciam?* Você poderá julgar seu nível atual de eficácia de liderança por quem elas influenciam.
- *A influência delas está aumentando ou diminuindo?* Você pode saber se uma pessoa é um líder passado ou um líder em potencial examinando em que direção o nível de influência está indo.

Para ser um bom juiz de líderes em potencial, não olhe apenas para a pessoa — olhe para todas as pessoas que ela influencia. Quanto maior a influência, maior o potencial de liderança e maior a habilidade de fazer os outros trabalharem juntos.

4. AGREGAM VALOR

Todas as pessoas à sua volta têm algum efeito em você e em sua habilidade de preencher sua visão. Provavelmente você já notou isso antes. Algumas pessoas parecem atrapalhar, sempre tirando mais do que dão. Outras agregam valor a você, melhorando tudo que você faz. Quando elas caminham ao seu lado, ocorre uma sinergia que leva vocês a um novo nível.

Muitas pessoas maravilhosas agregaram valor a mim ao longo dos anos. Muitas delas escolheram como objetivo principal na vida me ajudar. Elas complementam minhas fraquezas e incentivam meus pontos fortes. A presença delas em minha jornada realmente expande minha visão. Sozinho, talvez eu pudesse ter alcançado algum sucesso. Mas elas me tornaram muito melhor do que eu poderia ter sido sem elas. E, em retorno, eu sempre lhes dei o melhor de mim, confiei nelas implicitamente, dei-lhes oportunidades para fazer a diferença e agreguei valor à vida delas.

Provavelmente há pessoas em sua vida com quem você experimenta sinergia. Vocês inspiram e levam um ao outro a níveis mais elevados. Você consegue pensar em alguém melhor para levar na jornada para o sucesso? Não só elas lhe ajudariam a ir longe, como tornariam a jornada da vida mais divertida.

5. Atraem outros líderes

Ao procurar líderes potenciais para desenvolver, você precisa perceber que na verdade há dois tipos de líderes: os que atraem seguidores e os que atraem outros líderes. As pessoas que atraem e se unem apenas a seguidores nunca poderão fazer nada além do que eles podem pessoalmente tocar ou supervisionar. Para cada pessoa com a qual interagem, estão influenciando apenas uma pessoa — um seguidor. Mas as pessoas que atraem líderes influenciam muitas outras pessoas por meio de sua interação. Sua equipe pode ser incrível, principalmente se os líderes que recrutam também atraem outros líderes.

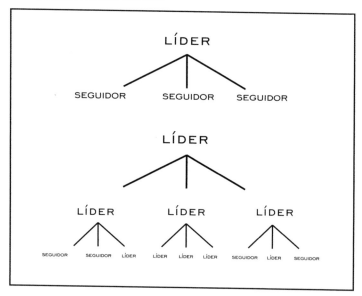

Além do óbvio fator da influência, há outras diferenças significativas entre as pessoas que atraem seguidores e as pessoas que atraem líderes. Aqui estão algumas:

Líderes que atraem seguidores...	Líderes que atraem líderes...
Precisam ser necessários.	Querem ser bem-sucedidos.
Querem reconhecimento.	Querem uma reprodução deles mesmos.
Concentram-se nas fraquezas dos outros.	Concentram-se nos pontos fortes dos outros.
Querem reter poder.	Querem compartilhar poder.
Gastam seu tempo com os outros.	Investem seu tempo nos outros.
São bons líderes.	São grandes líderes.
Experimentam um pouco de sucesso.	Experimentam um sucesso incrível.

Ao procurar pessoas para se juntarem a você na jornada rumo ao sucesso, procure líderes que atraem outros líderes. Eles poderão multiplicar seu sucesso. Mas também saiba que a longo prazo você só consegue liderar pessoas cuja habilidade de liderança é menor ou igual à sua. Para continuar atraindo líderes cada vez melhores, você terá que continuar desenvolvendo sua habilidade de liderança. Dessa forma, você e sua equipe continuarão crescendo não só em potencial, mas também em eficácia.

6. PREPARAM OS OUTROS

Uma coisa é atrair os outros e fazer com que se juntem a você em sua jornada rumo ao sucesso. Prepará-los com um mapa para a viagem é outra coisa. As melhores pessoas sempre dão aos outros mais do que um convite — elas dão os meios para que cheguem lá.

Pense nisso ao procurar potenciais líderes: uma pessoa que só possui carisma pode atrair os outros, mas pode não conseguir convencê-los a se juntarem a ela na busca de um sonho. No entanto, um líder que prepara os outros pode empoderar um exército de pessoas bem-sucedidas capazes de ir a qualquer lugar e de conseguir quase qualquer coisa. Como disse Harvey Firestone, "só ao desenvolver os outros que vencemos permanentemente".

7. Têm ideias inspiradoras

O escritor e dramaturgo do século XIX Victor Hugo observou: "Não há nada mais poderoso do que uma ideia quando chega sua hora." Ideias são o maior recurso que uma pessoa de sucesso pode ter. E quando você se cerca de pessoas criativas, nunca lhe faltam ideias inspiradoras.

Se você e as pessoas à sua volta continuamente gerarem boas ideias, todos vocês têm uma oportunidade melhor de alcançar seu potencial. De acordo com Art Cornwell, autor de *Freeing the Corporate Mind: How to Spur Innovation in Business* [Libertando A Mente Corporativa: Como Incitar Inovação Nos Negócios], o pensamento criativo é o que gera as ideias. E quanto melhor você entender como gerar ideias, melhor você estará. Ele sugere:

- As únicas ideias realmente ruins são aquelas que morrem sem levantar outras ideias.

- Se você quer boas ideias, você precisa de muitas ideias.
- Não importa se "não está quebrado". Provavelmente ainda pode ser consertado.
- Grandes ideias nada mais são do que a reestruturação do que você já sabe.
- Quando todas as suas ideias se somam, o resultado deve representar seu *insight*.[1]

Você é capaz de gerar boas ideias — provavelmente mais do que pensa. Mas ideias nunca são demais. Isso seria a mesma coisa que dizer que você tem dinheiro demais ou recursos demais quando está trabalhando em um projeto. É por isso que você deve manter por perto pessoas que vão continuar a inspirá-lo com suas ideias. E quando você encontrar alguém com quem você tem química natural, do tipo que inspira vocês dois à grandeza, você perceberá que sempre tem mais ideias do que tempo para executá-las.

8. Possuem atitude extraordinariamente positiva

Uma boa atitude é importante para o sucesso. Frequentemente determina até onde você poderá ir. Mas não subestime a importância de uma atitude positiva nas pessoas à sua volta também. Quando você viaja com os outros, não pode ir mais rápido do que a pessoa mais lenta nem mais longe que a pessoa mais fraca. Ter pessoas à sua volta com atitude negativa é como correr uma corrida com uma bola de ferro acorrentada ao tornozelo. Você pode conseguir correr

PARTE II

por um tempo, mas vai ficar cansado logo, e certamente não poderá correr tão longe quanto gostaria.

9. Honram seus compromissos

Já foi dito que o compromisso é outro nome para o sucesso. E é verdade mesmo. O jornalista Walter Cronkite declarou: "Não consigo imaginar uma pessoa tendo sucesso que não dê tudo de si à vida."

O compromisso leva uma pessoa a um novo nível no que diz respeito ao sucesso. Veja as vantagens do compromisso conforme descritas pelo palestrante motivacional Joe Griffith:

> Não se pode impedir uma pessoa comprometida de ter sucesso. Ponha pedras em seu caminho, e ela as galga até a grandeza. Tire seu dinheiro, e ela usa sua pobreza para se motivar. A pessoa que obtém sucesso tem um programa; conserta seu curso e adere a ele; estabelece seus planos e os executa; vai direto ao seu objetivo. Não é empurrada de um lado para o outro toda vez que uma dificuldade aparece em seu caminho. Se ele não puder contorná-la, ela o atropela.[2]

Quando as pessoas da sua equipe compartilham o seu nível de compromisso, o sucesso é inevitável. O compromisso o ajuda a superar obstáculos e continuar indo em frente na jornada do sucesso, não importa quão difícil fique. Essa é a chave para o sucesso em qualquer aspecto da vida: casamento, negócios, desenvolvimento pessoal, *hobbies*, esportes — o que você imaginar. O compromisso pode levar você bem longe.

10. São leais

A última qualidade que você deve procurar nas pessoas que se juntarão a você em sua jornada é a lealdade. Embora só isso não garanta sucesso em outra pessoa, a falta de lealdade certamente arruinará seu relacionamento com ela. Pense nisso da seguinte forma: quando você está procurando líderes em potencial, se uma pessoa em quem você está pensando para isso não é leal, ela não se qualifica. Nem pense em tentar desenvolvê-la, porque no final das contas, ela vai magoá-lo mais do que ajudá-lo.

Então o que significa as pessoas serem leais a você?

- *Elas o amam incondicionalmente.* Elas o aceitam independentemente dos seus pontos fortes e fracos. Elas genuinamente se importam com você, e não só com o que você pode fazer por eles. E não estão tentando ver você como algo que você não é e nem colocando você em um pedestal.
- *Elas o representam bem para os outros.* Pessoas leais sempre pintam uma imagem positiva de você junto aos outros. Elas podem repreendê-lo em particular ou responsabilizá-lo, mas nunca o criticam para os outros.
- *Elas conseguem rir e chorar com você em sua jornada juntos.* Pessoas leais estão dispostas e são capazes de

PARTE II

compartilhar suas alegrias e suas tristezas. Elas tornam a viagem menos solitária.

- *Elas fazem do seu sonho o sonho delas.* Algumas pessoas indubitavelmente compartilharão a jornada apenas por um breve período. Vocês se ajudam por um tempo e depois cada um segue seu caminho. Mas alguns — uns poucos especiais — vão querer vir ao seu lado e ajudá-lo pelo resto da vida. Essas pessoas fazem do seu sonho o sonho delas. Elas serão leais até a morte, e quando combinarem essa lealdade com outros talentos e habilidades, podem ser alguns dos seus recursos mais valiosos. Se encontrar pessoas assim, cuide bem delas.

Com relação à lealdade, é curioso observar que, quanto mais bem-sucedido você for, mais difícil será encontrá-la.

PASSAR ADIANTE

Tenho tido muita sorte em minha viagem pela vida. Não só pessoas maravilhosas têm caminhado ao meu lado para trilhar a jornada comigo, como também algumas pessoas me levaram com elas quando eu não poderia conseguir sozinho. E é isso que é a vida — pessoas ajudando as pessoas e agregando valor aos outros.

Ao escolher as pessoas de quem será mentor, concentre-se naquelas que não só vão aproveitar mais o que você tem para dar. Escolha pessoas que vão passar adiante. A mentoria foi feita para ser compartilhada.

46

CAPÍTULO 4

COMO POSSO PREPARAR
AS PESSOAS PARA O SUCESSO?

Veja todo mundo que você prepara como "nota dez".

Quero lhe fazer uma pergunta: quem foi seu professor ou professora favorita de todos os tempos? Pense em todos os seus anos na escola, desde o jardim de infância até o último ano. Quem se destaca? Existe um professor que mudou sua vida? A maioria de nós tem um. A minha na verdade foi uma professora dominical chamada Glen Leatherwood. Quem foi a sua?

O que tornou esse professor diferente? Foi o conhecimento do assunto? Foi a técnica de ensino? Embora seu professor possa ter tido grande conhecimento e ter dominado uma técnica fenomenal, estou disposto a apostar que o que separou esse professor de todos os outros foi o quanto ele acreditava em você. Esse professor provavelmente via você

PARTE II

como nota dez. O professor que o intimida e diz como você é ignorante ou indisciplinado não é o que o inspira a aprender e a progredir. É o que acha você maravilhoso e lhe diz isso.

Agora eu gostaria que você pensasse em sua vida profissional e nos líderes para quem você trabalhou ao longo dos anos. Ao pensar neles, faça-se as seguintes perguntas:

- *Quem consegue meu melhor esforço?* O líder que acredita que sou nota 10 ou o que acredita que sou nota 2?
- *Com quem eu gosto de trabalhar?* Com o líder que acredita que sou nota 10 ou com o que acredita que sou nota 2?
- *Quem permite uma fácil aproximação?* O líder que acredita que sou nota 10 ou o que acredita que sou nota 2?
- *Quem quer o melhor para mim?* O líder que acredita que sou nota 10 ou o que acredita que sou nota 2?
- *Com quem eu vou aprender mais?* Com o líder que acredita que sou nota 10 ou com o que acredita que sou nota 2?

Líderes mentores conseguem mais de seu pessoal porque os veem com melhores olhos. As pessoas os respeitam e valorizam e, como resultado, sua equipe quer segui-los. A atitude positiva e edificante que eles trazem à liderança cria um ambiente de trabalho positivo, no qual todo mundo na equipe tem um lugar e um propósito — e todo mundo compartilha a vitória.

Para alguns líderes isso é fácil e natural, principalmente se têm personalidade positiva. Acho que as pessoas que foram muito incentivadas e valorizadas quando crianças muitas vezes elevam os outros quase instintivamente. Mas essa é uma habilidade que pode ser aprendida por qualquer um, e é obrigatória para quem deseja se tornar uma pessoa bem-sucedida.

COMO TRATAR OS OUTROS COMO PESSOAS NOTA 10

Se você quiser realmente brilhar nessa área, aplique as seguintes sugestões quando estiver trabalhando com pessoas:

1. VEJA-AS COMO QUEM ELAS PODEM SE TORNAR

O escritor Bennett Cerf escreveu que J. William Stanton, que serviu muitos anos como representante de Ohio no Congresso dos EUA, guardava com muito carinho uma carta que recebeu da Câmara de Comércio de Painesville, datada de 1949. A carta recusava a oferta de Stanton para levar um novo congressista como o palestrante de um jantar beneficente. A missiva dizia: "Sentimos que este ano precisamos de um orador com um grande nome que atraia bastante gente, então estamos torcendo para conseguir o treinador principal de futebol americano na John Carroll University. De qualquer maneira, obrigado por sugerir o congressista John F. Kennedy."[1] Você tem alguma ideia de quem possa ter sido esse treinador? Certamente eu não tenho.

PARTE II

Você tem um potencial JFK em seu círculo? Ou um Jack Welch? Ou uma Madre Teresa? É fácil reconhecer a grande liderança e o grande talento depois que as pessoas já desabrocharam, mas e antes de obterem reconhecimento?

Procure o grande potencial que existe dentro de cada pessoa que você lidera. Quando o encontrar, faça o melhor que puder para extraí-lo. Alguns líderes são tão inseguros que quando veem um grande potencial tentam empurrar a pessoa para baixo porque ficam com medo de que o desempenho dela vá lhes fazer ficar mal perante os outros. Mas líderes de sucesso tentam elevar essas pessoas. Reconhecem que as pessoas com um grande potencial vão ser bem-sucedidas de um jeito ou de outro. O melhor papel que podem desempenhar é o de descobridor e encorajador. Dessa forma, agregam valor a elas e se tornam uma parte positiva no processo de sua emergência como líderes.

2. DEIXE QUE ELAS "TOMEM EMPRESTADA" SUA FÉ NELAS

Em 1989, Kevin Myers se mudou de Grand Rapids, Michigan, para Lawrenceville, Geórgia, a fim de fundar uma igreja. Kevin era um líder jovem e perspicaz, com um futuro brilhante pela frente, e sua organização patrocinadora, Kentwood Community Church, estava feliz em apoiar seus esforços.

Kevin fez tudo certo ao se preparar para seu primeiro culto na Crossroads Community Church. Passou semanas falando com pessoas na comunidade, escolheu um bom lugar e conseguiu voluntários. Quando abriu as portas pela primeira vez, suas esperanças foram esmagadas quando apenas 90 pessoas apareceram — mais ou menos um terço do que esperava. Foi uma grande decepção, já que Kevin tinha trabalhado em uma igreja grande, dinâmica e crescente, e não queria muito liderar uma pequena congregação. Estava determinado a perseverar, no entanto, imaginando que em um ou dois anos daria a volta por cima e construiria a igreja que correspondia à sua visão.

Depois de três anos de muita luta e pouco crescimento, Kevin estava pronto para jogar a toalha. Viajou para Michigan para se encontrar com Wayne Schmidt, seu antigo chefe em Kentwood e patrocinador original da empreitada de Kevin na fundação da igreja. Sentindo-se um fracasso, Kevin explicou a Wayne que precisava de um emprego, porque estava planejando fechar a igreja na Geórgia. A resposta de Wayne mudou a vida de Kevin: "Se você perdeu a fé, tome a minha emprestada."

Incerto quanto a seu futuro, mas grato a Wayne por sua fé nele, Kevin retornou para a Geórgia e não desistiu. Lentamente, enquanto Kevin crescia em sua liderança, sua congregação também crescia. No momento em que escrevo isto, Kevin lidera 3.400 pessoas toda semana, pondo sua congregação entre maiores dos EUA.

Quando as pessoas que você lidera não acreditam em si mesmas, você pode lhes ajudar a ter fé, como Wayne fez com Kevin. Pense nisso como um empréstimo, uma coisa que você está dando de graça, mas que depois vai retornar com dividendos quando essa pessoa obtiver sucesso.

PARTE II

3. Surpreenda-as fazendo alguma coisa certa

Se você quer ver todo mundo como nota 10 e ajudá-las a acreditarem em si, você precisa incentivá-las surpreendendo-as fazendo alguma coisa certa. E isso é realmente contracultural. Somos treinados a vida toda a pegar as pessoas fazendo algo errado. Se nossos pais e professores nos pegavam fazendo alguma coisa, pode apostar que era alguma coisa errada. Assim, tendemos a pensar dessa forma.

Quando você se concentra no negativo e pega as pessoas fazendo alguma coisa errada, isso não tem nenhum poder real de melhorá-las. Quando pegamos as pessoas fazendo uma coisa errada, elas ficam na defensiva. Criam desculpas. Evadem. Por outro lado, se pegamos as pessoas fazendo alguma coisa certa, isso lhes dá reforço positivo. Estamos ajudando-as a buscar seu potencial. Isso as faz querer melhorar.

Torne parte de sua agenda surpreender atitudes positivas. Elas não têm que ser atitudes grandiosas, embora você queira elogiar essas atitudes também. Pode ser quase qualquer coisa, desde que você seja sincero em seus elogios.

4. Acredite no melhor — dê aos outros o benefício da dúvida

Quando nos examinamos, naturalmente nos damos o benefício da dúvida. Por quê? Porque nos vemos à luz de nossas intenções. Por outro lado, quando olhamos para os outros, normalmente os julgamos de acordo com suas ações. Pense em como seria muito mais positiva nossa interação com os outros se acreditássemos no melhor e lhes déssemos o benefício da dúvida, assim como fazemos por nós mesmos.

Muitas pessoas são relutantes em adotar essa atitude porque temem que os outros as considerem ingênuas ou se aproveitem delas. A realidade é que as pessoas que confiam não são mais fracas do que as que não confiam; na verdade, são mais fortes. Como prova, ofereço os seguintes mitos e os fatos que os refutam, pesquisados pelo professor de sociologia Morton Hunt.

Mito: As pessoas que confiam são mais fáceis de enganar.
Fato: As pessoas que confiam não são mais fáceis de enganar do que as que não confiam.

Mito: As pessoas que confiam percebem menos do que as que não confiam o que os outros realmente estão sentindo.
Fato: As pessoas que confiam, na verdade, são melhores do que as outras ao "ler" pessoas.

Mito: As pessoas com baixa autoestima confiam mais do que as pessoas com alta autoestima.
Fato: O oposto é verdadeiro. As pessoas com alta autoestima são mais dispostas a correr riscos emocionais.

Mito: As pessoas burras confiam; as pessoas inteligentes não confiam.
Fato: As pessoas com alta aptidão ou registros acadêmicos não confiam menos nem são menos céticas do que as pessoas consideradas menos inteligentes.

PARTE II

Mito: As pessoas que confiam o fazem para dirigirem sua vida por meio delas; as que não confiam contam consigo mesmas.

Fato: O contrário é verdade. As pessoas que se sentem controladas por pessoas de fora confiam menos, enquanto as que se sentem no comando de suas vidas confiam mais.

Mito: As pessoas que confiam não são mais confiáveis do que as que não confiam.

Fato: As pessoas que não confiam são menos confiáveis. Pesquisas mostram o que os gregos antigos costumavam dizer: "Aquele que desconfia mais é o que menos merece ser confiado."[2]

Não estou dizendo que você deve se tornar um avestruz e enfiar a cabeça em um buraco. Tudo que estou sugerindo é que você dê aos outros a mesma consideração que dá a si mesmo. Não é pedir demais, e os dividendos que você receberá em termos de relacionamento podem ser enormes.

5. PERCEBA QUE "10" TEM MUITAS DEFINIÇÕES

O que significa ser 10? Quando você começou a ler este capítulo e eu sugeri que você visse todos como nota 10, veio à sua cabeça certa imagem de 10? E você começou imediatamente a comparar as pessoas que trabalham para você a essa imagem e viu que elas deixam a desejar? Eu não ficaria surpreso se esse fosse o caso, porque eu acho que a maioria de nós tem uma visão muito limitada do que constitui um 10.

COMO POSSO PREPARAR AS PESSOAS PARA O SUCESSO?

No que diz respeito a melhorar habilidades, acredito que a maioria das pessoas não pode aumentar suas habilidades mais do que dois pontos em uma escala de 1 a 10. Então, por exemplo, se você nasceu um 4 em relação à matemática, não importa quanto você se esforce, provavelmente você nunca será melhor que 6. Mas aqui vai a boa notícia. Todo mundo é excepcional em alguma coisa, e um 10 nem sempre é a mesma coisa.

Em seu livro *Descubra seus pontos fortes*, Marcus Buckingham e Donald O. Clifton identificam 34 pontos fortes que eles acreditam que as pessoas exibem — qualquer coisa desde a responsabilidade até a atração (a habilidade de conquistar os outros). E os autores afirmam que todo mundo tem pelo menos uma habilidade que pode desempenhar melhor do que 10 mil outras pessoas. Isso significa que todo mundo pode ser um 10 em alguma área. Você pode se concentrar nessa área quando estiver incentivando um dos seus empregados.

Mas digamos que você empregue alguém que não tem nenhuma habilidade na qual seja um 10 ou que possa ser desenvolvida para um 10. Isso significa que você taxa essa pessoa como um sem esperança? Não. Há outras áreas não relacionadas a habilidades nas quais uma pessoa pode se desenvolver e se tornar um 10, não importa qual seja seu ponto de início — áreas como atitude, desejo, disciplina e perseverança. Se você não vir potencial para 10 em nenhum outro lugar, procure aí.

PARTE II

6. Ponha as pessoas em suas áreas fortes

Se estiver em seu poder, ajude as pessoas a encontrarem seu melhor lugar na carreira. Ao pensar nas pessoas de quem você é mentor, tente fazer o seguinte para cada indivíduo:

- *Descubra seus verdadeiros pontos fortes.* A maioria das pessoas não descobre seus pontos fortes sozinha. Geralmente, elas ficam presas em suas rotinas vivendo e trabalhando. Raramente exploram seus pontos fortes ou refletem sobre seus sucessos e fracassos. É por isso que é tão valioso para elas ter um líder mentor que é genuinamente interessado em ajudar a reconhecer seus pontos fortes.

Existem muitas ferramentas úteis disponíveis que você pode usar para ajudar as pessoas no processo da autodescoberta, mas geralmente a ajuda mais valiosa que você pode dar será baseada em suas observações pessoais.

- *Dê-lhes o trabalho certo.* Mover uma pessoa de um emprego que ela detesta para o emprego certo pode mudar uma vida. Um executivo que eu entrevistei disse que moveu uma pessoa de sua equipe para quatro posições diferentes na organização, tentando encontrar a melhor combinação. Como ele a tinha posto na posição errada tantas vezes, estava quase pronto para desistir dela. Mas sabia que ela tinha um grande potencial, e ela era perfeita para a organização. Finalmente, depois de encontrar a posição certa para ela, ela brilhou!

Tentar colocar a pessoa certa no emprego certo pode gastar muito tempo e energia. Sejamos honestos. Não é mais fácil para um líder simplesmente botar as pessoas onde for mais conveniente e continuar com o trabalho? Mais uma vez, essa é uma área onde o desejo de agir dos líderes funciona contra eles. Lute contra sua tendência natural de tomar uma decisão e seguir adiante. Não tenha medo de mover as pessoas se não estiverem brilhando como você acha que elas poderiam.

- *Identifique as habilidades de que elas precisarão, e dê--lhes um treinamento de primeira.* Todo trabalho exige determinado conjunto de habilidades que os funcionários devem ter para serem realmente bem--sucedidos. Mesmo uma pessoa com grandes pontos fortes e que se encaixe bem não estará realmente em sua área forte se não tiver essas habilidades. Como líder e mentor, é seu dever garantir que seu pessoal adquira o que precisa para vencer.

Em *As 17 incontestáveis leis do trabalho em equipe*, a Lei do Nicho diz: "Todos os participantes têm um lugar em que contribuem mais." O nicho é que determina o melhor papel que essa pessoa deveria assumir em sua equipe. E realmente faz a diferença. Quando líderes compreendem isso, as equipes que eles lideram têm um desempenho incrivelmente alto.

57

E isso reflete positivamente nesses líderes. Acredito que não é exagero dizer que o sucesso de um líder é determinado mais por colocar as pessoas nas áreas onde são mais fortes do que por qualquer outra coisa.

7. Dê-lhes o tratamento nota 10

A maioria dos líderes trata as pessoas de acordo com o número que colocam nelas. Se os funcionários estão tendo um desempenho mediano — digamos uma nota 5 — então o chefe lhes dá um tratamento nota 5. Mas eu acredito que as pessoas sempre merecem o melhor de seu líder, mesmo quando não estão dando seu melhor. Digo isso porque sei que todo mundo tem valor como ser humano e merece ser tratado com respeito e dignidade. Isso não significa que você irá recompensar o mau desempenho, mas que você trata as pessoas bem e age diplomaticamente com elas, mesmo que não façam o mesmo por você.

Já observei que as pessoas geralmente alcançam as expectativas do líder — se gostarem dele. Se você construiu relacionamentos sólidos com seus empregados e eles genuinamente gostarem de você e o respeitarem, eles trabalharão duro e darão seu melhor.

Sempre prepare as pessoas para o sucesso

Já aprendi muitas coisas sobre liderança com muitos líderes ao longo dos anos, mas o que eu ainda admiro mais é meu pai, Melvin Maxwell. Em dezembro de 2004, visitei meus pais em

Orlando e, enquanto estava lá, agendei uma participação em uma teleconferência. Como eu precisava de um lugar silencioso para realizá-la, meu pai generosamente me deixou usar seu escritório.

Ao sentar-me à sua mesa, notei um cartão ao lado do telefone, com as seguintes anotações feitas à mão pelo meu próprio pai:

N.º 1 Elevar as pessoas com incentivos
N.º 2 Dar às pessoas crédito pelo reconhecimento
N.º 3 Dar às pessoas reconhecimento pela gratidão

Eu soube em um segundo por que isso estava ali. Meu pai tinha escrito para que isso o lembrasse como ele deveria tratar as pessoas ao falar ao telefone com elas. E isso me lembrou instantaneamente que meu pai, mais do que qualquer outra pessoa, me ensinou a ver todo mundo como sendo nota 10.

Comece hoje a ver e liderar as pessoas como elas podem ser, não como elas são, e você ficará maravilhado com o comportamento delas em relação a você. Não só seu relacionamento com elas vai melhorar e a produtividade vai aumentar, mas você também vai ajudá-las a atingirem seu potencial e se tornarem quem foram criadas para ser.

CAPÍTULO 5

COMO POSSO AJUDAR AS PESSOAS A FAZER UM TRABALHO MELHOR?

Capacite as pessoas que você mentoreia para o sucesso profissional.

A esta altura você sabe identificar potenciais líderes, construir relacionamentos com eles, criar um ambiente no qual eles vão crescer, e incentivá-los. Está na hora de olhar mais especificamente para como prepará-los para a liderança no trabalho. Esse processo de preparo é chamado de capacitação.

Lembre-se de que todos os bons relacionamentos de mentoria começam com um relacionamento pessoal. À medida que seu pessoal começa a conhecê-lo e a gostar de você, o desejo deles de seguir a sua direção e aprender com você vai aumentar. Se eles não gostarem de você, não vão querer aprender com você, e o processo de capacitação diminui o ritmo ou até mesmo cessa.

PARTE II

Capacite para a excelência

Uma vez que você tenha conhecido a pessoa que você deseja mentorear, está na hora de começar o processo de capacitação. Aqui está como proceder:

Compartilhe seu sonho

Compartilhar seu sonho ajuda as pessoas a conhecer você e saber aonde você está indo. Não há um ato que demonstre melhor seu coração e sua motivação. Woodrow Wilson uma vez disse:

> Crescemos com os sonhos. Todos os grandes indivíduos são sonhadores. Eles veem as coisas na bruma leve de um dia de primavera, ou no fogo ardente de uma longa noite de inverno. Alguns de nós deixam esses grandes sonhos morrerem, mas outros os nutrem e protegem; nutrem-nos pelos maus dias até trazerem-nos para a luz e o brilho do sol que sempre vêm a todos aqueles que sinceramente esperam que seus sonhos se realizem.

Muitas vezes eu me perguntei: "A pessoa faz o sonho ou o sonho faz a pessoa?" Minha conclusão é de que ambas são igualmente verdadeiras. Todos os bons líderes têm um sonho. Todos os grandes líderes dividem seu sonho com quem pode lhes ajudar a torná-lo realidade. Como Florence Littauer sugere, você deve:

Ousar sonhar: Tenha o desejo de fazer algo maior que você próprio.

Preparar o sonho: Faça seu dever de casa; esteja pronto quando a oportunidade chegar.

Vestir o sonho: Faça.

Compartilhar o sonho: Torne os outros parte do sonho, e ele ficará ainda maior do que você esperava.

PEÇA COMPROMETIMENTO

Em seu livro *O gerente minuto*, Ken Blanchard diz: "Existe uma diferença entre interesse e comprometimento. Quando você está interessado em fazer uma coisa, você faz apenas quando for conveniente. Quando você está comprometido com uma coisa, você não aceita desculpas." Não capacite as pessoas que estiverem meramente interessadas, mas as que estiverem comprometidas.

O comprometimento é a qualidade que, acima de todas as outras, capacita um potencial líder a se tornar um líder de sucesso. Sem comprometimento, não pode haver sucesso. O treinador de futebol americano Lou Holtz reconhecia a diferença entre estar meramente envolvido e ser verdadeiramente comprometido. Ele destacou: "O piloto kamikaze que pôde voar em 50 missões estava envolvido — mas nunca comprometido."

Para determinar se seu pessoal está comprometido, primeiro você deve garantir que eles saibam o quanto vai lhes custar tornarem-se líderes. Isso significa que você deve se certificar de não lhes passar o trabalho com menos informações

— fale para eles o que vai ser exigido. Só então eles saberão com o que estão se comprometendo. Se não se comprometerem, não prossiga com o processo de capacitação. Não perca seu tempo.

ESTABELEÇA METAS PARA CRESCIMENTO

As pessoas precisam de objetivos claros estabelecidos diante de si se pretendem alcançar alguma coisa de valor. O sucesso nunca vem instantaneamente. Ele vem em pequenos passos. Um conjunto de objetivos se torna um mapa que um potencial líder pode seguir para progredir. Como diz Shad Helmstetter em *You Can Excel in Times of Change* [Você Pode se Destacar em Tempos de Mudança], "É o objetivo que dá forma ao plano; é o plano que prepara a ação; é a ação que atinge o resultado; e é o resultado que traz o sucesso. E tudo isso começa com a simples palavra *objetivo*". Nós, como líderes que capacitam, devemos introduzir nosso pessoal na prática de estabelecer e atingir objetivos.

A comediante e atriz Lily Tomlin uma vez disse: "Eu sempre quis ser alguém, mas eu deveria ter sido mais específica." Muitas pessoas hoje em dia estão na mesma situação. Têm uma vaga ideia do que é o sucesso, e sabem que querem atingi-lo. Mas não bolaram nenhum tipo de plano para chegarem lá. Descobri que as pessoas que atingem mais coisas na vida são aquelas que estabelecem objetivos para si e então se esforçam para atingi-los. O que elas conseguem alcançando os objetivos não é nem de longe tão importante quanto o que elas se tornam ao alcançá-los.

Quando você ajudar seu pessoal a estabelecer objetivos, use as seguintes diretrizes:

Faça com que os objetivos sejam apropriados. Tenha sempre em mente a tarefa que você quer que as pessoas façam e o resultado desejado: o desenvolvimento do seu pessoal para que se tornem líderes eficazes. Identifique os pontos que contribuirão para esse objetivo maior.

Faça com que os objetivos sejam atingíveis. Nada vai fazer as pessoas quererem desistir mais rápido do que encarar objetivos inatingíveis. Gosto do comentário feito por Ian MacGregor, antigo líder da diretoria da AMAX Corporation: "Eu trabalho no mesmo princípio das pessoas que treinam cavalos. Você começa com cercas baixas, objetivos facilmente atingíveis, e vai aumentando o nível de dificuldade. É importante no gerenciamento nunca pedir às pessoas para tentarem alcançar objetivos que não podem aceitar."

Faça com que os objetivos sejam mensuráveis. Seus potenciais líderes nunca saberão quando terão alcançado seus objetivos se eles não forem mensuráveis. Saber que os objetivos foram alcançados dará aos líderes uma sensação de missão cumprida. E também os liberará para estabelecerem novos objetivos no lugar dos antigos.

Estabeleça claramente os objetivos. Quando os objetivos não têm um foco claro, as ações das pessoas que tentarão atingi-los também não o terão.

Faça com que os objetivos exijam um "esforço". Como mencionei anteriormente, os objetivos têm que ser atingíveis. Por outro lado, quando os objetivos não exigirem um esforço, as pessoas que os alcançarem não vão crescer. O líder deve

PARTE II

conhecer seu pessoal bem o suficiente para identificar objetivos atingíveis que exijam um esforço.

Escreva os objetivos. Quando as pessoas escrevem seus objetivos, isso as torna mais responsáveis por eles. Um estudo entre formandos da Yale University mostrou que a pequena porcentagem de alunos que tinham escrito seus objetivos os alcançaram mais do que todos os outros formandos juntos. Colocar os objetivos por escrito funciona.

Também é importante incentivar seus potenciais líderes a rever seus objetivos e progresso com frequência. Ben Franklin separava algum tempo todos os dias para rever duas questões. De manhã ele se perguntava: "O que eu vou fazer de bom hoje?" E à noite: "O que eu fiz de bom hoje?"

COMUNIQUE OS FUNDAMENTOS

Para as pessoas se tornarem produtivas e satisfeitas profissionalmente, elas têm que saber quais são suas responsabilidades fundamentais. Parece muito simples, mas Peter Drucker diz que um dos problemas críticos no ambiente de trabalho hoje é que há uma falta de compreensão entre o empregador e os empregados no que diz respeito ao que o empregado deve fazer. Geralmente, os empregados acabam sentindo que são vagamente responsáveis por tudo. Isso os paralisa. Em vez disso, devemos deixar claras as coisas pelas quais eles *são* responsáveis e aquelas pelas quais eles *não são*. Então eles poderão concentrar seus esforços naquilo que eles querem, e obterão sucesso.

Observe o funcionamento de um time de basquete. Cada um dos cinco jogadores tem um trabalho em particular. Um dos jogadores tem como tarefa fazer pontos. Outro tem como tarefa passar a bola para os jogadores que puderem fazer os pontos. Outro jogador deve pegar os rebotes. Um quarto deve fazer pontos. E o quinto deve pegar os rebotes, bloquear arremessos e fazer pontos. Cada pessoa no time sabe qual é o seu trabalho, qual deve ser sua contribuição única para o time. Quando cada um se concentra em suas responsabilidades em particular, o time pode vencer.

Uma das melhores maneiras de clarificar as expectativas é dar a seu pessoal a descrição da função. Na descrição, identifique as quatro ou seis funções primárias que você quer que a pessoa desempenhe. Evite fazer longas listas de responsabilidades. Se a descrição da função não puder ser resumida, a função provavelmente é ampla demais. Tente também deixar claro qual a autoridade que eles têm, os parâmetros de trabalho para cada função que eles devem desempenhar, e qual é sua autoridade dentro da organização.

Finalmente, um líder deve comunicar a seu pessoal que seu trabalho tem valor para a organização e para o líder individual. Para o empregado, isso frequentemente é o fundamento mais importante de todos.

Siga o processo de cinco passos de treinamento de pessoas

Parte do processo de capacitação inclui treinar as pessoas para desempenhar as tarefas específicas dos trabalhos que eles devem fazer. A abordagem que o líder escolher para o treinamento determinará enormemente o sucesso ou o fracasso de seu pessoal. Se ele optar por uma abordagem seca e acadêmica, os potenciais líderes se lembrarão de pouco do que for ensinado. Se ele simplesmente jogar as pessoas no trabalho sem qualquer direção, provavelmente elas se sentirão sobrecarregadas e incertas sobre o que fazer.

O melhor tipo de treinamento se aproveita da maneira como as pessoas aprendem. Pesquisadores nos dizem que nos lembramos de 10 por cento do que ouvimos, 50 por cento do que vemos, 70 por cento do que dizemos e 90 por cento do que ouvimos, vemos, dizemos e fazemos. Sabendo disso, temos que desenvolver uma abordagem em relação a como vamos dar treinamento. Descobri que o melhor método de treinamento é um processo de cinco passos:

Primeiro passo: Eu modelo. O processo começa comigo fazendo as tarefas enquanto a pessoa sendo treinada assiste. Ao fazê-lo, eu tento dar à pessoa uma oportunidade de me ver fazer todo o processo. Muitas vezes, quando os líderes treinam, começam no meio da tarefa e confundem as pessoas a quem estão tentando ensinar. Quando as pessoas veem a tarefa executada correta e completamente, elas têm um modelo para tentar copiar.

Segundo passo: Eu mentoreio. Durante esse próximo passo, continuo a executar a tarefa, mas dessa vez a pessoa que estou treinando vem para o meu lado e me ajuda no processo. Eu também tiro um tempo para explicar não só o *como*, mas também o *porquê* de cada passo.

Terceiro passo: Eu monitoro. Trocamos de lugar dessa vez. O aluno executa a tarefa e eu ajudo e corrijo. É especialmente importante durante essa fase ser positivo e incentivar o aluno. Isso o mantém tentando, e o faz querer melhorar em vez de desistir. Trabalhe com ele até ele desenvolver consistência. Depois que ele tenha assimilado o processo, peça que ele o explique a você. Isso o ajudará a entender e lembrar.

Quarto passo: Eu motivo. Retiro-me da tarefa agora e deixo o aluno ir sozinho. Minha função é garantir que ele saiba fazê-la sem ajuda e seguir incentivando-o para que ele continue a melhorar. É importante que eu fique com ele até que tenha a sensação do sucesso. Isso é uma grande motivação. A essa altura o aluno pode querer fazer melhorias no processo. Incentive que ele o faça, e ao mesmo tempo aprenda com ele.

Quinto passo: Eu multiplico. Essa é a minha parte favorita em todo o processo. Uma vez que os novos líderes executem bem o trabalho, é a vez de eles ensinarem aos outros como fazê-lo. Como os professores sabem, a melhor maneira de aprender algo é ensinando. E a beleza disso é que me libera para fazer outras tarefas importantes de desenvolvimento enquanto outros seguem com o treinamento.

DÊ OS "TRÊS GRANDES"

Todo o treinamento do mundo dará um sucesso limitado se você não libertar seu pessoal para fazer o trabalho. Acredito que se eu escolher as melhores pessoas, der a elas minha visão, treiná-las com o básico, e deixá-las ir, terei um grande retorno delas. Como o General George S. Patton uma vez disse: "Nunca diga às pessoas como fazer as coisas. Diga-lhes o que fazer e elas o surpreenderão com sua engenhosidade."

Você não pode deixar as pessoas sem estrutura, mas você também quer lhes dar liberdade suficiente para serem criativas. A maneira de fazer isso é dar a elas os três grandes: *responsabilidade, autoridade* e *responsabilização.*

Para algumas pessoas, a responsabilidade é o mais fácil de dar dos três. Todos queremos que as pessoas ao nosso redor sejam responsáveis. Sabemos como é importante. Como disse o escritor e editor Michael Korda, "O sucesso em qualquer grande escala exige que você aceite a responsabilidade... Em uma análise final, a qualidade que todas as pessoas de sucesso têm... é a habilidade de aceitar responsabilidade".

O que é mais difícil para alguns líderes é deixar que seu pessoal continue com a responsabilidade depois de ela ter sido dada. Gerentes fracos querem controlar todos os detalhes do trabalho de seu pessoal. Quando isso acontece, os potenciais líderes que trabalham para eles ficam frustrados e não se desenvolvem. Em vez de desejar mais responsabilidade, eles ficam indiferentes ou evitam totalmente a responsabilidade. Se você quer que seu pessoal assuma responsabilidade, dê responsabilidade a eles de verdade.

Com a responsabilidade deve vir a autoridade. O progresso não vem a menos que elas sejam dadas em conjunto. Winston Churchill, quando falava para a Casa dos Comuns durante a Segunda Guerra Mundial, disse: "Eu sou seu servo. Vocês têm o direito de me dispensar quando quiserem. O que vocês não têm o direito de fazer é me pedir para aceitar a responsabilidade sem o poder da ação." Quando a responsabilidade e a autoridade vêm juntas, as pessoas genuinamente têm poder para agir.

Há um aspecto importante da autoridade que precisa ser notado. Inicialmente, quando damos autoridade aos novos líderes, na verdade estamos *dando-lhes permissão* para ter autoridade, e não *lhes dando a autoridade* propriamente dita. A autoridade de verdade deve ser conquistada.

Os líderes devem conquistar a autoridade com cada novo grupo de pessoas. No entanto, já notei que uma vez que os líderes tenham ganhado autoridade em determinado nível, demora muito pouco tempo para que eles estabeleçam esse nível de autoridade com outro grupo de pessoas. Quanto maior o nível de autoridade, mais rápido isso acontece.

Uma vez que a responsabilidade e a autoridade tiverem sido dadas às pessoas, elas têm o poder para fazer as coisas acontecerem. Mas também temos que garantir que elas estão fazendo as coisas certas acontecerem. É aí que entra a responsabilização. A responsabilidade por parte dos novos líderes inclui a disposição de serem responsabilizados. Se estivermos disponibilizando o clima certo, nosso pessoal não vai temer a responsabilização. Eles ainda admitirão erros e os verão como parte do processo de aprendizado.

A parte do líder da responsabilização envolve separar um tempo para rever o trabalho do novo líder e fazer-lhe críticas honestas e construtivas. É crucial que o líder dê apoio, mas seja honesto. Já foi dito que quando Harry Truman foi levado à presidência com a morte do Presidente Franklin D. Roosevelt, o porta-voz da casa, Sam Rayburn, deu-lhe conselhos paternais: "Daqui para frente você terá muitas pessoas à sua volta. Elas tentarão construir um muro ao seu redor e tirar de você quaisquer ideias que não sejam as delas. Elas lhe dirão que grande homem você é, Harry. Mas nós dois sabemos que você não é." Rayburn estava responsabilizando o Presidente Truman.

VERIFIQUE-AS SISTEMATICAMENTE

Acho importante verificar as pessoas com frequência. Gosto de dar miniavaliações o tempo todo. Líderes que esperam para dar *feedback* apenas durante avaliações formais anuais estão pedindo encrenca. As pessoas precisam do incentivo de ouvir regularmente que estão indo bem. Também precisam ouvir o mais rápido possível quando não estiverem indo bem. Isso impede vários problemas na organização, e melhora o líder.

A frequência com que eu verifico como as pessoas estão é determinada por alguns fatores:

A importância da tarefa. Quando uma coisa é crítica para o sucesso da organização, converso com eles frequentemente.

As demandas do trabalho. Acho que se o trabalho exigir muito, a pessoa que o executa precisa de incentivos com mais frequência. Ela também pode precisar de respostas ou de ajuda para resolver problemas difíceis. Ocasionalmente, quando o trabalho for realmente difícil, eu digo à pessoa para fazer uma pausa — o trabalho que exige muito pode levar uma pessoa à exaustão.

Se o trabalho é novo. Alguns líderes não têm problemas para aceitar uma tarefa nova, não importa quão diferente ela seja de um trabalho anterior. Outros têm muita dificuldade para se adaptar. Eu verifico com mais frequência as pessoas que são menos flexíveis ou criativas.

Se o funcionário é novo. Quero dar aos novos líderes toda a chance possível de vencer. Então eu verifico o pessoal mais recente mais vezes. Dessa forma, eu posso ajudá-los a antever problemas e garantir que tenham uma série de sucessos. Assim eles ganham confiança.

A responsabilidade do trabalhador. Quando eu sei que posso dar a uma pessoa uma tarefa e ela sempre será feita, eu posso não acompanhar essa pessoa até que a tarefa esteja completa. Com pessoas menos responsáveis, eu não posso me dar a esse luxo.

Minha abordagem para acompanhar as pessoas também varia de pessoa para pessoa. Por exemplo, novatos e veteranos devem ser tratados de forma diferente. Mas não importa há quanto tempo as pessoas estão comigo, existem algumas coisas que eu sempre faço:

Discutir os sentimentos. Eu sempre dou ao meu pessoal uma oportunidade de me dizer como eles se sentem. Também lhes digo como eu estou me sentindo. Isso clareia o ar e torna possível trabalharmos.

Medir progresso. Juntos, tentamos determinar o progresso de cada um. Muitas vezes faço perguntas para descobrir o que preciso saber. Se as pessoas estiverem se deparando com obstáculos, remove os que eu puder.

Dar feedback. Essa é uma parte crítica do processo. Sempre lhes dou algum tipo de avaliação. Sou honesto, e faço meus deveres de casa para garantir que eu seja preciso. Faço críticas construtivas. Isso mostra às pessoas como estão indo, corrige problemas, incentiva melhorias e acelera o trabalho.

Dar incentivos. Quer a pessoa esteja indo bem ou mal, eu sempre incentivo. Incentivo as pessoas que estão indo mal a melhorar. Incentivo os que têm um melhor desempenho. Elogio grandes feitos. Tento dar esperança e incentivo quando as pessoas estão passando por problemas pessoais. O elogio impede as pessoas de parar.

Faça reuniões periódicas de capacitação

Mesmo depois de você ter completado o treinamento da maioria do seu pessoal e estar preparando-os para uma nova etapa de ascensão — o desenvolvimento — continue a fazer reuniões periódicas de capacitação. Isso ajuda seu pessoal a se manter no caminho, a continuar progredindo e incentiva-os a começarem a se responsabilizar por se capacitar.

Quando preparo uma reunião de capacitação, incluo o seguinte:

Boas notícias. Sempre começo de forma positiva. Revejo as boas coisas que estão acontecendo na organização e presto atenção em particular em suas áreas de interesse e responsabilidade.

Visão. As pessoas podem ficar tão absortas nas responsabilidades de seu dia a dia que perdem de vista a visão que norteia a organização. Use a oportunidade de uma reunião de capacitação para recuperar essa visão. Isso também lhes dá o contexto apropriado para o treinamento que você está prestes a dar.

Conteúdo. O conteúdo vai depender das necessidades delas. Tente concentrar o treinamento naquilo que irá ajudar a conquistar a prioridade "A", e oriente o treinamento pelas pessoas, não pela visão.

Administração. Cubra quaisquer itens que deem às pessoas uma sensação de segurança e incentive sua liderança.

Empoderamento. Tire algum tempo para se conectar com as pessoas que você capacita. Encoraje-as pessoalmente. E mostre a elas como a sessão de capacitação empodera-as a desempenhar melhor suas funções. Elas sairão da reunião se sentindo positivas e prontas para trabalhar.

Melhorar um líder melhora a organização

O processo inteiro de capacitação leva muito tempo e atenção. Mas seu foco é no longo prazo, não no curto prazo. Em vez de criar seguidores ou até mesmo adicionar novos líderes, a organização multiplica líderes. Como expliquei na seção do processo de cinco passos de capacitação, ele não está completo até que o que capacita e o novo líder escolham alguém para o novo líder treinar. Só então o processo de capacitação chegou ao final de seu ciclo. Sem um sucessor, não pode haver sucesso.

Líderes que estão capacitando outros têm maior possibilidade de sucesso, não importa em que tipo de organização estão. Quando um líder mentor é dedicado ao processo de

PARTE II

capacitação, todo o nível de desempenho dentro da organização aumenta drasticamente. Todo mundo está mais bem preparado para fazer o serviço. Mais importante, as pessoas mais bem capacitadas estarão prontas para o estágio final de crescimento que cria os melhores líderes — o desenvolvimento. Como disse Fred A. Manske Jr., "o maior líder está disposto a treinar as pessoas e desenvolvê-las ao ponto em que eventualmente o ultrapassam em conhecimento e habilidade".

Capítulo 6

Como crio o ambiente certo?

*Líderes mentores entendem que
é necessário um para conhecer outro,
mostrar outro, e desenvolver outro.*

Muitas organizações hoje não conseguem atingir seu potencial. Por quê? Porque a única recompensa que dão a seus empregados é o pagamento. Organizações de sucesso têm líderes que fazem mais do que simplesmente dar às pessoas o pagamento. Eles criam um ambiente de incentivo que tem a habilidade de transformar a vida das pessoas.

Depois que você tiver identificado potenciais líderes, você precisa começar o trabalho de transformá-los nos líderes que eles podem se tornar. Para fazer isso você precisa de uma estratégia. Eu uso o acrônimo BEST como um lembrete do que as pessoas precisam quando começam em minha organização. Elas precisam que eu:

PARTE II

B *elieve – Acredite neles.*
E *ncourage – Incentive-os.*
S *hare – Compartilhe com eles.*
T *rust – Confie neles.*

Os líderes mentores BEST incentivam.

Incentivar beneficia todo mundo. As pessoas ficam mais seguras e motivadas quando seu líder acredita nelas, incentiva--as, compartilha e confia nelas? As pessoas são mais produtivas quando incentivadas. Ainda mais importante, incentivar cria uma forte base emocional e profissional com os trabalhadores que têm potencial para liderança. Mais tarde, usando treinamento e desenvolvimento, um líder pode ser construído sobre essa base.

O processo de construir líderes envolve mais do que apenas incentivo. Também inclui modelar. Na verdade, a maior responsabilidade do líder em incentivar aqueles à sua volta é modelar liderança, uma forte ética de trabalho, responsabilidade, caráter, abertura, consistência, comunicação e a crença nas pessoas. Como disse uma vez o escritor do século XVIII Oliver Goldsmith, "As pessoas raramente melhoram quando não têm nenhum modelo além de si próprios para copiar." Nós, líderes, devemos ser modelos a serem copiados.

Mark Twain uma vez brincou: "Fazer o certo é maravilhoso. Ensinar os outros a fazer o certo é ainda mais maravilhoso — e muito mais fácil." Tenho um corolário à ideia de Twain: "Liderar os outros a fazer o certo é maravilhoso. Fazer o certo e então liderá-los é mais maravilhoso — e mais difícil." Como Twain, reconheço que a autodisciplina de fazer o certo e então ensinar os outros a fazer o certo é dificultada pela natureza humana. Todo mundo pode achar desculpas para não se dar àqueles à sua volta. Grandes líderes sabem das dificuldades e incentivam seu pessoal assim mesmo. Eles sabem que há pessoas que respondem positivamente ao que eles dão, e se concentram nesses resultados positivos.

CRIE UM AMBIENTE DE CRESCIMENTO

Aqui estão as coisas que descobri que um líder mentor deve fazer para incentivar os líderes potenciais à sua volta.

ESCOLHA UM MODELO DE LIDERANÇA PARA VOCÊ

Como mentores, você e eu primeiro somos responsáveis por encontrar bons modelos para nós. Pense bem em quais líderes você vai seguir porque eles determinarão seu curso. Já desenvolvi seis questões para me perguntar antes de escolher um modelo a seguir:

A vida do meu modelo merece ser seguida? Essa questão se refere à qualidade de caráter. Se a resposta não é um claro sim, tenho que ser cuidadoso. Eu me tornarei como as pessoas que sigo, e não quero modelos com falhas de caráter.

A vida do meu modelo tem seguidores? Essa questão vislumbra a credibilidade. É possível ser a primeira pessoa a descobrir um líder que valha a pena seguir, mas não acontece com muita frequência. Se a pessoa não tem seguidores, ela pode não valer a pena ser seguida.

PARTE II

Se minha resposta a alguma das duas primeiras perguntas for não, não tenho que me incomodar com as outras quatro. Preciso procurar outro modelo.

Qual é o principal ponto forte que influencia os outros a seguirem meu modelo? O que o modelo tem a me oferecer? Qual é seu melhor? Note também que líderes fortes têm pontos fracos, assim como fortes. Não quero inadvertidamente imitar os pontos fracos.

Meu modelo produz outros líderes? A resposta a essa questão vai me dizer se as prioridades da liderança do modelo se encaixam nas minhas em relação a desenvolver novos líderes.

Tenho como reproduzir o ponto forte do modelo em minha vida? Se não puder reproduzir seu ponto forte em minha vida, seu modelo não vai me beneficiar. Por exemplo, se você admira a habilidade de Shaquille O'Neil como jogador de basquete, mas tem apenas 1,75 m de altura e pesa 80 kg, você não vai conseguir reproduzir seus pontos fortes na quadra de basquete. Procure modelos apropriados, mas busque sempre melhorar. Não diga rápido demais que um ponto forte não pode ser reproduzido. A maioria pode. Não limite seu potencial.

Se o ponto forte de meu modelo pode ser reproduzido em minha vida, que passos devo dar para desenvolver e demonstrar esse ponto forte? Você deve desenvolver um plano de ação. Se você apenas responde às perguntas e nunca implementa um plano para desenvolver esses pontos fortes em si, está apenas executando um exercício intelectual.

Os modelos que escolhemos podem ser ou não acessíveis para nós pessoalmente. Alguns podem ser figuras nacionais, como um presidente. Ou podem ser figuras históricas. Podem certamente beneficiá-lo, mas não da mesma forma como um mentor pessoal pode.

Construa confiança

Aprendi que a confiança é o fator mais importante na construção de relacionamentos pessoais e profissionais. Warren Bennis e Burt Nanus dizem que a confiança é "a cola que une seguidores e líderes". Confiança significa responsabilidade, previsibilidade e confiabilidade. Mais do que qualquer coisa, seguidores querem acreditar e confiar em seus líderes. Querem poder dizer: "Um dia quero ser como ele ou ela." Se não confiarem em você, não podem dizer isso. As pessoas querem acreditar em você antes de seguirem sua liderança.

A confiança deve ser construída no dia a dia. Pede consistência. Algumas das maneiras como um líder pode trair a confiança incluem: quebrar promessas, fofocar, segurar informações e ter duas caras. Essas ações destroem o ambiente de confiança necessário para o crescimento de potenciais líderes. E quando um líder quebra a confiança, ele deve trabalhar duas vezes mais para recuperá-la. Como disse uma vez a líder cristã Cheryl Biehl, "uma das realidades da vida é que se você não pode confiar em uma pessoa o tempo todo, você não pode confiar verdadeiramente nela nunca".

As pessoas não seguirão um líder em quem não confiam. É a responsabilidade do líder desenvolver ativamente essa confiança das pessoas à sua volta. A confiança é construída sobre muitas coisas:

T *ime* [Tempo]. Tire um tempo para ouvir e dar feedback no desempenho.

R *espect* [Respeito]. Dê ao potencial líder respeito, e ele o retornará com confiança.

U *nconditional Positive Regard* [Consideração Positiva Incondicional]. Mostre aceitação pela pessoa.

S *ensitivity* [Sensibilidade]. Antecipe-se aos sentimentos e necessidades do potencial líder.

T *ouch* [Toque]. Dê encorajamento — um aperto de mão, um "bate-aqui" ou um tapinha nas costas.

Depois que as pessoas confiam em seu líder como pessoa, elas passam a poder confiar na liderança dele.

MOSTRE TRANSPARÊNCIA

Todos os líderes cometem erros. Isso é simplesmente parte da vida. Líderes de sucesso reconhecem seus erros, aprendem com eles, e trabalham para corrigir suas faltas. Um estudo com 105 executivos determinou muitas das características que os executivos de sucesso tinham em comum. Um traço em particular foi identificado como o mais valioso: eles admitiam seus erros e aceitavam as consequências em vez de tentar culpar os outros.

Vivemos entre pessoas que tentam culpar os outros por seus atos e/ou circunstâncias. As pessoas não querem assumir as consequências de seus atos. Você pode ver essa atitude em todo lugar. Anúncios de televisão nos convidam diariamente a processar "mesmo se você foi o culpado pelo acidente" ou "declarar falência" para evitar credores. Um líder que está disposto a aceitar responsabilidade por seus atos e ser honesto e transparente com seu pessoal é uma pessoa que eles vão admirar, respeitar e em quem vão confiar. Esse líder também é uma pessoa de quem eles podem aprender.

OFEREÇA TEMPO

As pessoas não podem ser incentivadas a distância ou por intervalos infrequentes e curtos de atenção. Elas precisam que você passe algum tempo com elas — tempo planejado, não só algumas palavras no caminho para uma reunião. É minha prioridade ficar em contato com os líderes que estou desenvolvendo em minha organização. Planejo e executo sessões de treinamento para o meu pessoal, agendo tempo para mentorar cada um, e agendo reuniões em que os membros da equipe podem compartilhar informações. Muitas vezes levo um potencial líder para almoçar. Frequentemente, verifico com meu pessoal para ver como suas áreas de responsabilidade estão progredindo e dar assistência se for preciso.

Vivemos em um mundo dinâmico e exigente, e tempo é uma coisa difícil de se dar. É o bem mais valioso de um líder. Peter Drucker escreveu: "Nada mais, talvez, distingue executivos eficazes tanto quanto seu cuidado amoroso com o tempo." O tempo é valioso, mas o tempo gasto com um potencial líder é um investimento. Quando você se dá, quem sai ganhando é você, a organização e quem recebe.

PARTE II

ACREDITE NAS PESSOAS

Quando você acredita nas pessoas, você as motiva e liberta seu potencial. E as pessoas podem sentir intuitivamente quando alguém realmente acredita nelas. Qualquer um pode ver as pessoas como elas são. Só um líder pode ver o que elas podem se tornar, incentivá-las a crescer nessa direção, e acreditar que elas o farão. As pessoas sempre crescem na direção das expectativas de um líder, não na de suas críticas e exames. Exames meramente *medem* o progresso. As expectativas *promovem* o progresso. Você pode contratar as pessoas para trabalhar para você, mas deve ganhar seus corações acreditando nelas para que elas trabalhem com você.

DÊ ENCORAJAMENTO

Muitos líderes esperam que seu pessoal se encoraje. Mas a maioria das pessoas requer encorajamento externo para impulsioná-las. É vital para seu progresso. O médico George Adams acha que o encorajamento é tão vital para a existência de uma pessoa que o chamou de "oxigênio para a alma".

Novos líderes, em especial, precisam ser encorajados. Quando chegam a uma nova situação, encontram muitas mudanças e eles próprios passam por muitas mudanças. O encorajamento ajuda-os a atingir seu potencial. Isso faz com que se sintam poderosos, dando-lhes a energia para continuar quando cometem erros.

Use muito reforço positivo com seu pessoal. Não tome o trabalho aceitável como certo; agradeça às pessoas por ele.

Elogie uma pessoa toda vez que vir uma melhora. E personalize seu encorajamento sempre que puder. Lembre-se de que o que motiva uma pessoa pode esfriar outra ou até irritá-la. Descubra o que funciona com cada um em particular.

O treinador de basquete da UCLA, John Wooden, dizia aos jogadores que marcavam pontos para sorrir, piscar ou acenar para o jogador que tivesse lhe dado um bom passe. "E se ele não estiver olhando?", perguntou um dos membros do time. Wooden respondeu: "Eu garanto que ele vai olhar." Todo mundo valoriza o encorajamento e procura por ele.

EXIBA CONSISTÊNCIA

A consistência é uma parte crucial do desenvolvimento de potenciais líderes. Quando somos consistentes, nosso pessoal aprende a confiar em nós. Eles podem progredir e se desenvolver porque sabem o que esperar de nós. Eles podem responder à pergunta: "O que meu líder faria nessa situação?", quando enfrentam decisões difíceis. Tornam-se seguros porque sabem qual será nossa resposta para eles, independentemente das circunstâncias.

MANTENHA A ESPERANÇA NAS ALTURAS

A esperança é um dos maiores presentes que um mentor pode dar àqueles ao seu redor. Seu poder não deve nunca ser subestimado. É preciso um grande líder para dar esperança às pessoas quando elas não conseguem encontrá-la dentro si. Winston Churchill reconhecia o valor da esperança. Ele foi o primeiro ministro da Inglaterra durante um dos tempos mais sombrios da Segunda Guerra Mundial. Certa vez, um repórter lhe perguntou qual tinha sido a maior arma de seu país contra o regime nazista de Hitler. Sem pausar por um momento ele disse: "Foi o que sempre foi a maior arma da Inglaterra — a esperança."

As pessoas continuarão trabalhando, lutando e tentando se tiverem esperança. A esperança aumenta o moral. Melhora a autoimagem. Reenergiza as pessoas. Aumenta suas expectativas. É o dever de um líder manter a esperança em alta, instilá-la nas pessoas que lidera. Nosso pessoal terá esperança somente se dermos a eles. E nós teremos esperança para dar se mantivermos a atitude certa. Clare Boothe Luce, em *Europe in the Spring* [Europa na primavera], cita o herói da Batalha de Verdun, Marechal Foch, dizendo: "Não há situações sem esperança: há apenas homens que perderam suas esperanças nelas."

ADICIONE SIGNIFICADO

Ninguém quer passar o tempo fazendo um trabalho sem importância. As pessoas querem fazer um trabalho que importe. Os empregados muitas vezes dizem coisas do tipo: "Eu quero sentir que consegui algo, que cheguei a algum lugar, que fiz a diferença. Quero excelência. Quero que o que eu faço seja um trabalho importante. Quero causar impacto." As pessoas querem significado.

É trabalho de um líder mentor adicionar significado à vida das pessoas que ele lidera: um dos modos como podemos fazer isso é torná-las parte de algo que valha a pena. Muitas pessoas simplesmente caem em um nicho confortável na vida e ficam lá em vez de perseguir objetivos significativos. Líderes não podem se dar a esse luxo. Todo líder deve se perguntar: "Eu quero sobrevivência, sucesso ou significado?" Os melhores líderes desejam significado e gastam tempo e energia em busca de seus sonhos. Como disse a antiga CEO do *Washington Post*, Katharine Graham: "Amar o que você faz e sentir que isso importa — como alguma coisa pode ser mais divertida?"

Uma forma de adicionar significado à vida das pessoas que você lidera é mostrar a elas o todo e como eles contribuem para isso. Muitas pessoas ficam tão absortas na tarefa do momento que não conseguem ver a importância do que fazem.

Um membro do meu pessoal que uma vez foi reitor de uma faculdade vocacional me contou sobre um dia em que estava mostrando o lugar a um novo funcionário. Enquanto apresentava cada pessoa e descrevia sua posição, a recepcionista ouviu-o dizer que a posição dela era muito importante. Ela comentou:

— Eu não sou importante. A tarefa mais importante que faço todos os dias é preencher um relatório.

— Sem você — o reitor respondeu —, esta escola não existiria. Todo aluno novo que chega aqui fala com você primeiro. Se eles não gostarem de você, não gostarão da escola. Se não gostarem da escola, não a frequentarão, e, logo, não haveria alunos. Teríamos que fechar nossas portas.

PARTE II

— Uau! Eu nunca tinha pensado nisso dessa forma! — respondeu ela. O reitor imediatamente a viu mostrar mais confiança, e ela se sentou mais ereta em sua mesa ao atender o telefone. O líder de seu departamento nunca tinha explicado a ela o significado de seu emprego. Nunca tinha explicado o valor dela para a organização. Ao ver o todo, ela adicionou significado à sua vida.

Forneça segurança

Norman Cousins disse: "As pessoas nunca são mais inseguras do que quando se tornam obcecadas por seus medos à custa de seus sonhos." As pessoas que se concentram em seus medos não crescem. Ficam paralisadas. Os líderes estão em posição de fornecer a seus seguidores um ambiente de segurança em que possam crescer e se desenvolver. Um potencial líder que se sente seguro é mais propenso a correr riscos, tentar se destacar, experimentar coisas novas, e obter sucesso. Líderes mentores fazem seus seguidores se sentirem maiores do que são. Logo, os seguidores começam a pensar, agir e produzir mais. Finalmente, tornam-se o que pensam que são.

Henry Ford disse uma vez: "Uma das maiores descobertas que um homem faz, uma de suas maiores surpresas, é descobrir que pode fazer o que temia não poder." Um líder mentor fornece a segurança que um potencial líder precisa para fazer essa descoberta.

Recompense produção

As pessoas sobem ao nosso nível de expectativas. Elas tentam nos dar o que recompensamos. Se você quiser que seu pessoal produza, então você deve recompensar produção.

Thomas J. Watson Sr., fundador da IBM, era famoso por carregar um talão de cheques ao andar por escritórios e fábricas. Sempre que via alguém fazendo um trabalho excepcional, escrevia um cheque para essa pessoa. Podia ser de $5, $10 ou $25. As quantias eram pequenas, mas o impacto de sua ação era tremendo. Em muitos casos, as pessoas nunca descontavam os cheques. Elas os emolduravam e colocavam em suas paredes. Encontravam sua recompensa não no dinheiro, mas no reconhecimento pessoal de sua produção. É isso que dá significado e leva uma pessoa a dar seu melhor.

Devemos dar reconhecimento positivo e encorajamento aos que produzem, e devemos ter cuidado para não reconhecer os que não produzem. Dê uma boa olhada na sua organização. O que você está recompensando?

Estabeleça um sistema de suporte

Desenvolva um sistema de suporte para os funcionários. Nada abala mais o moral do que pedir que as pessoas façam algo e não lhes dar os recursos para executá-lo. Acho que todo líder potencial precisa de apoio em cinco áreas:

Suporte emocional. Forneça um ambiente do tipo "sim, você pode". Mesmo quando está faltando apoio em outras

PARTE II

áreas, uma pessoa pode seguir adiante quando tem suporte emocional. Esse suporte custa menos e o retorno é incrível.

Treinamento de capacidades. Um dos meios mais rápidos de elevar as pessoas é treiná-las. As pessoas que recebem treinamento percebem que a organização acredita nelas. E são mais produtivas porque são mais capazes.

Dinheiro. É difícil as pessoas darem o melhor de si quando seus líderes e mentores não o fazem. Se você paga preço de banana, espere obter macacos. Invista dinheiro nas pessoas; sempre dá mais retorno ao seu investimento.

Equipamentos. Para fazer o trabalho direito, você precisa das ferramentas apropriadas. Muitas vezes um líder fraco olha para as coisas de uma perspectiva de curto prazo. Investir nos equipamentos certos dará a seu pessoal o tempo para serem mais produtivos, e manterá alto o moral deles.

Pessoal. Se você está em uma posição de o fazer, escale as pessoas necessárias para que a tarefa seja feita. E escolha boas pessoas. Problemas de pessoal podem gastar o tempo e a energia de um líder potencial, deixando pouco tempo para produção.

Crie um sistema de suporte para todas as pessoas à sua volta. Mas aumente-o para qualquer indivíduo apenas quando ele se desenvolver e obtiver sucesso. Descobri que o familiar princípio do 80/20 é especialmente verdadeiro aqui. Os 20 por cento melhores funcionários da organização executarão 80 por cento da produção. Então quando estiver estruturando seu sistema de suporte, escolha os 20 por cento que produzem 80 por cento do suporte total.

NUNCA SUBESTIME O PODER
DE UM GRANDE AMBIENTE

As pessoas que vivem em um ambiente de apoio e encorajamento são mais propensas a vencer. Tom Geddie, da Central and Southwest Services, mostra um exemplo maravilhoso do que pode acontecer em um ambiente onde todos desejam vencer:

Desenhe uma linha imaginária no chão, e ponha uma pessoa de cada lado. O objetivo é fazer uma pessoa convencer a outra, sem força, a cruzar a linha. Jogadores dos EUA quase nunca convencem uns aos outros, diz Geddie, mas os trabalhadores japoneses convencem. Eles simplesmente dizem: "Se você cruzar a linha, eu também cruzarei." Eles trocam de lugar, e ambos vencem.

Eles reconhecem a importância da cooperação e do apoio mútuo. Tem sido uma chave do sucesso deles nos últimos 50 anos. Pode ser uma chave para o seu sucesso e para o dos líderes que você mentoreia.

PARTE III

ELEVANDO O NÍVEL DAS PESSOAS

CAPÍTULO 7

COMO EU AS AJUDO A SE TORNAREM PESSOAS MELHORES?

*Concentre-se em melhorar a pessoa,
não apenas o trabalho que ela faz.*

Quando você capacita as pessoas, você ensina como fazer um trabalho. O desenvolvimento é diferente. Quando você desenvolve as pessoas, você está ajudando-as a melhorar como indivíduos. Você está ajudando-as a adquirir qualidades pessoais que lhes beneficiarão em muitas áreas da vida, não só no trabalho. Quando você ajuda alguém a cultivar disciplina ou uma atitude positiva, isso é desenvolvimento. Quando você ensina alguém a gerenciar seu tempo de maneira mais eficaz ou melhorar sua habilidade interpessoal, isso é desenvolvimento. O que eu descobri é que muitos líderes não têm uma mentalidade desenvolvimentista. Eles esperam que seus empregados cuidem de suas necessidades de desenvolvimento sozinhos. O que eles não percebem, no entanto, é que o desenvolvimento sempre paga dividendos mais altos do que o equipamento porque ajuda a pessoa como um todo e a eleva a um nível mais alto.

DEDIQUE-SE A DESENVOLVER AS PESSOAS

O desenvolvimento pessoal da sua equipe é uma das coisas mais importantes que um líder mentor fará. Embora o desenvolvimento seja mais difícil do que equipar, vale muito o preço. Aqui está o que você precisa fazer ao começar:

1. VEJA O DESENVOLVIMENTO COMO UM PROCESSO DE LONGO PRAZO

Capacitar geralmente é um processo razoavelmente rápido e direto. A maioria das pessoas pode aprender a mecânica de seu trabalho muito rápido — em questão de horas, dias ou meses, dependendo do tipo de trabalho. Mas o desenvolvimento sempre leva tempo. Por quê? Porque requer uma mudança da parte da pessoa sendo desenvolvida, e não se pode apressar isso. Como diz o antigo ditado popular, produzir um bebê leva nove meses — não importa quantas pessoas você ponha para executar a tarefa.

Ao abordar o desenvolvimento de seu pessoal, pense nisso como um processo em andamento, e não uma coisa que você pode fazer e está feito. Quando eu estava à frente da Skyline Church na área de San Diego, fiz do desenvolvimento do meu pessoal uma das minhas prioridades. Parte eu fiz um a um.

Mas eu também agendava um horário para treinar todo o pessoal mensalmente sobre tópicos que os fariam crescer como líderes. Algo que fiz consistentemente por uma década.

Recomendo que você planeje desenvolver as pessoas que trabalham para você. Faça disso uma atividade consistente, regularmente agendada. Você pode pedir a seu pessoal para ler um livro a cada um ou dois meses e discuti-lo com eles. Você pode ensinar uma lição. Você pode levá-los para conferências ou seminários. Aborde a tarefa do seu próprio jeito. Mas saiba disso: você não pode dar o que não tem. Para desenvolver seu pessoal, você também deve continuar progredindo.

2. DESCUBRA OS SONHOS E DESEJOS DE CADA PESSOA

Quando você capacita as pessoas, você fundamenta o que faz nas suas necessidades ou nas da organização. Você ensina às pessoas o que você quer que elas saibam para que possam fazer um trabalho para você. Por outro lado, o desenvolvimento é fundamentado nas necessidades delas. Você lhes dá o que elas precisam para se tornar pessoas melhores. Para fazer isso bem, você precisa conhecer os sonhos e desejos das pessoas.

Walter Lippmann, fundador da revista *The New Republic*, disse: "Ignore o que um homem deseja e você ignorará a fonte de seu poder." Os sonhos são os geradores de energia com seu pessoal. Se eles têm uma grande paixão por seus sonhos, têm grande energia. Se você conhece esses sonhos e os desenvolve de modo que deixe esses sonhos ao alcance deles, não só você utiliza essa energia, mas você também a estimula.

Infelizmente, alguns líderes não gostam de ver os outros buscando seus sonhos porque isso lhes lembra de como estão longe de viver seu sonho. Como resultado, esse tipo de líder tenta dissuadir as pessoas de buscarem seus sonhos, e geralmente o fazem usando as mesmas desculpas e racionalizações que dão para si mesmos.

Se você se encontrou ressentido dos sonhos dos outros e tentando dissuadi-los de irem atrás deles, então você precisa reacender o fogo que tem por seus próprios sonhos e começar a ir atrás deles novamente. Quando um líder está aprendendo, crescendo e indo atrás de seus próprios sonhos, é mais propenso a ajudar os outros a perseguir os seus.

3. Lidere todo mundo de forma diferente

Um dos erros que os líderes novatos geralmente cometem é que eles tentam liderar todo mundo da mesma forma. Mas vamos encarar. Nem todo mundo responde ao mesmo tipo de liderança. Você deve tentar ser consistente com todo mundo. Você deve tratar todo mundo com bondade e respeito. Mas não espere usar as mesmas estratégias e métodos com todo mundo.

Você tem que descobrir quais botões de liderança apertar com cada indivíduo na sua equipe. Uma pessoa responde bem a desafios; outra quer ser treinada. Uma vai precisar que você desenvolva a estratégia; outra vai ter mais paixão se puder criar a estratégia. Uma vai requerer acompanhamento consistente e frequente; outra vai querer espaço para respirar. Se você deseja ser uma pessoa de sucesso, precisa ajustar seu estilo de liderança ao que seu pessoal precisa, não esperar que eles se adaptem a você.

4. Use objetivos organizacionais para desenvolvimento individual

Se você tiver que construir um mecanismo que seja inteiramente separado da tarefa real que precisa ser feita para desenvolver seu pessoal, você provavelmente vai ficar exausto e frustrado. A maneira de evitar isso é usar os objetivos organizacionais tanto quanto possível para o desenvolvimento individual das pessoas. É realmente a melhor coisa a fazer.

- Quando é ruim para o indivíduo e ruim para a organização — todo mundo perde.
- Quando é bom para o indivíduo, mas ruim para a organização — a organização perde.
- Quando é ruim para o indivíduo, mas bom para a organização — o indivíduo perde.
- Quando é bom para o indivíduo e bom para a organização — todo mundo ganha.

PARTE III

Sei que isso pode parecer um pouco simplista, mas quero que você perceba uma coisa. O único cenário em que não há perdas é quando algo é bom para a organização e para o indivíduo. Essa é uma receita para o sucesso de longo prazo.

A forma de alcançar esse tipo de vitória é combinar três ingredientes:

- *Um objetivo:* Encontre uma necessidade ou função dentro da organização que traria valor para a organização.
- *Uma habilidade:* Encontre um indivíduo em sua equipe com uma habilidade que precise ser desenvolvida que ajudará a atingir esse objetivo organizacional.
- *Uma oportunidade:* Forneça tempo, dinheiro e recursos de que o indivíduo precisa para atingir o objetivo.

Quanto mais vezes você conseguir criar situações como essa, mais vezes você criará vitórias para todo mundo — a organização, o indivíduo a ser desenvolvido e você.

5. AJUDE-AS A SE CONHECEREM

Sempre opero no princípio básico de que as pessoas não se conhecem. Uma pessoa não pode ser realista em relação a seu potencial até ser realista sobre sua posição. Em outras palavras, você tem que saber onde você está antes de descobrir como ir a outro lugar.

Max DePree, presidente emérito da Herman Miller, Inc. e membro do National Business Hall of Fame da revista Fortune, disse que é a primeira responsabilidade de um líder definir a realidade. Acredito que a primeira responsabilidade de um líder que desenvolve as pessoas é ajudá-las a definir a realidade de quem elas são. Líderes as ajudam a reconhecer seus pontos fortes e fracos. Isso é crítico se quisermos ajudar os outros.

6. Esteja pronto para ter uma conversa difícil

Não há desenvolvimento sem lições difíceis. Quase todo crescimento vem quando temos respostas positivas a coisas negativas. Quanto mais difícil for lidar com essa coisa, mais precisamos forçar para crescermos. Muitas vezes, o processo não é muito prazeroso, mas você sempre tem que pagar um preço para crescer.

Bons líderes estão dispostos a ter conversas difíceis para começar o processo de desenvolvimento das pessoas sob seus cuidados. Um amigo me contou a história de um ex-oficial do Exército dos EUA que estava trabalhando em uma empresa que estava na *Fortune 500*. O homem sempre era deixado de lado quando os líderes da organização estavam buscando e recrutando funcionários com potencial de liderança para avançar na organização, e ele não entendia por quê. Seu registro de desempenho era bom, sua atitude era positiva, e ele tinha experiência. Então qual era o problema?

O antigo oficial tinha alguns hábitos pessoais peculiares que deixavam os outros à sua volta pouco à vontade. Quando ficava estressado, ele cantarolava. Quando ficava especialmente agitado, ele sentava sobre as mãos. Ele não tinha ideia de que fazia essas coisas, e ninguém nunca lhe dera um toque sobre como esses hábitos peculiares tiravam a concentração e eram nada profissionais. As pessoas simplesmente o consideravam estranho e o deixavam para lá.

Felizmente, ele finalmente trabalhou para um líder que estava disposto a ter uma conversa dura com ele. O líder deixou-o ciente do problema. Ele perdeu esses hábitos, e hoje é um líder sênior nessa organização.

Quando você não quer ter uma conversa difícil, você precisa se perguntar: *É porque vai doer neles ou em mim?* Se for porque vai doer em você, então você está sendo egoísta. Bons líderes passam por cima do desconforto de ter conversas difíceis pelo bem das pessoas que lideram e da organização. O que você precisa lembrar é que as pessoas passarão por coisas difíceis se acreditarem que você quer trabalhar com elas.

7. COMEMORE AS VITÓRIAS CERTAS

Líderes que desenvolvem as pessoas sempre querem ajudar seu pessoal a conseguir vitórias sob seus braços, principalmente quando estão acabando de começar. Mas uma vitória estratégica sempre tem mais valor. Tente se concentrar em vitórias baseadas em onde você quer que as pessoas progridam e como você quer que elas progridam. Isso lhes dará incentivo e encorajamento extra para irem atrás das coisas que irão ajudar em seu desenvolvimento.

Na verdade, não importa como você estabelece essas vitórias. Uma boa vitória é a que não apenas é atingida, mas também abordada da maneira certa. Se uma pessoa que você está liderando executa uma atividade de forma errada, mas de alguma maneira obtém resultados certos — e você comemora — você está preparando essa pessoa para a derrota. Só a experiência não é uma boa professora, mas sim a experiência avaliada. Como líder, você precisa avaliar o que parece ser uma vitória para garantir que ela esteja de fato ensinando o que seu funcionário precisa aprender para progredir e se desenvolver.

8. PREPARE-AS PARA A LIDERANÇA

Em um contexto organizacional, nenhum processo de desenvolvimento seria completo sem a inclusão de um desenvolvimento de liderança. Quanto melhor seu pessoal for em termos de liderança, maior impacto potencial eles terão na organização e para ela. Mas isso significa mais do que simplesmente dar lições de liderança ou pedir às pessoas que leiam livros de liderança. Significa guiá-las por um processo que as prepare para assumir a liderança.

OBSERVE-AS VOAR MAIS ALTO

Se você se dedicar ao desenvolvimento das pessoas e se comprometer com isso como um processo de longo prazo, notará uma mudança no seu relacionamento com as pessoas que trabalham com você. Elas desenvolverão uma forte

PARTE III

lealdade porque sabem que você está preocupado com os interesses delas e provou isso com seus atos. E quanto mais tempo você as desenvolver, mais tempo elas estão propensas a ficar com você.

Sabendo disso, não seja tão firme com seu pessoal. Às vezes, a melhor coisa que você pode fazer pelas pessoas é deixar que abram suas asas e voem. Mas se você tiver sido diligente no processo de desenvolvimento — e as ajudado a passar adiante o que elas aprenderam — outra pessoa virá e tomará o lugar delas. Quando você desenvolve continuamente as pessoas, nunca faltam líderes para construir a organização e ajudar você a carregar o peso.

Capítulo 8

O que eu devo fazer se essas pessoas ultrapassarem meu próprio nível?

Não existe feito maior para os mentores do que quando as pessoas que eles desenvolvem os passam!

Tive muita sorte no começo da minha carreira. Soube desde que tinha 4 anos de idade o que queria fazer na vida. Cresci em um lar com um pai que era experiente e bem-sucedido na profissão na qual eu o seguiria. A situação é parecida com a da família Manning, no futebol. Os quarterbacks bem-sucedidos da NFL [National Football League – Liga Nacional de Futebol] Peyton e Eli Manning cresceram na casa de Archie Manning, que jogava para os New Orleans Saints. Como resultado, eles tiveram uma mãozinha que 99 por cento dos outros garotos não tiveram.

Além das experiências e da exposição que recebi simplesmente por estar próximo ao meu pai, beneficiei-me de sua forte liderança e mentoria. Ele foi muito estratégico em meu desenvolvimento, identificando e encorajando meus pontos fortes logo cedo. Meu pai me enviou para vários seminários Dale Carnegie antes de eu me formar no colegial, conduziu meu desenvolvimentos por meio de muita leitura e me levou para conhecer alguns dos maiores pregadores da época. As vantagens que recebi são muitas para listar. Sou realmente grato por todas elas.

O resultado de minha criação foi que eu vi o sucesso cedo na minha carreira. Fui o primeiro em muitas coisas em minha denominação. Fui a pessoa mais jovem a ser eleita para um cargo nacional. O primeiro pastor a mudar o nome da igreja para melhor alcançar a comunidade. O mais jovem a escrever seu primeiro livro. E minha igreja foi a primeira a ter uma média de mais de mil frequentadores todo domingo.

Infelizmente, durante aqueles primeiros anos, pode ser que eu tenha sido o pastor mais solitário em minha denominação. A boa notícia é que, quando eu falhava, muitas pessoas ficavam felizes de se compadecer de mim. Mas quando eu conseguia algo, poucas comemoravam. Pensava que meus colegas e eu estávamos no mesmo time, mas evidentemente eles não pensavam assim. Muitas vezes, Margaret e eu comemorávamos sozinhos.

BONS MENTORES APRENDEM O PRINCÍPIO DA COMEMORAÇÃO

Aquelas experiências do começo nos ensinaram muito. Delas nós aprendemos o Princípio da Comemoração: o verdadeiro teste dos relacionamentos não acontece somente quando somos leais quando nossos amigos falham, mas quando ficamos emocionados quando eles vencem. Também aprendemos algumas coisas que você pode achar valiosas:

A ALEGRIA DO FEITO DIMINUI QUANDO NINGUÉM COMEMORA COM VOCÊ

Quando fui para a conferência da minha denominação seguindo meu primeiro ano como pastor, estava animado com as coisas que estavam acontecendo em minha igreja. Eu estava ajudando as pessoas, e pensei que realmente fazia a diferença em minha comunidade. Meu entusiasmo não tinha limites. Surpreendentemente, ninguém compartilhava a minha animação! As pessoas pareciam olhar para mim com ceticismo ou desdém. Isso realmente me murchou emocionalmente. As palavras do dramaturgo Oscar Wilde eram verdadeiras: "Qualquer um pode se solidarizar com o sofrimento de um amigo, mas é necessária uma natureza muito elevada para comemorar o sucesso dele."

Quando Margaret e eu conversamos sobre isso, decidimos que nunca deixaríamos a falta de entusiasmo dos outros impedir o nosso sucesso. E também ficamos determinados a comemorar com os amigos quando eles vencessem — e ficar ainda mais entusiasmados quando eles nos ultrapassassem!

Essa é uma razão pela qual adoro fazer conferências para jovens líderes. Isso me dá a chance de comemorar com eles — e defender o sucesso deles. Quero que eles se sintam encorajados e continuem buscando seus sonhos. Não dá para

PARTE III

dizer o que eles podem conseguir sabendo que os outros querem que eles vençam.

MUITAS PESSOAS SE IDENTIFICAM COM O FRACASSO; MENOS PESSOAS SE IDENTIFICAM COM O SUCESSO

Muitos anos atrás, escrevi um livro chamado *Failing Forward*. Quando me preparava para trabalhar nele, palestrei sobre o assunto pelo país. Descobri que todo mundo se identifica com o fracasso. Na verdade, quando eu disse às pessoas que elas precisavam aprender a usar seus erros como apoio para o sucesso aprendendo com eles, a reação da plateia foi incrível.

Descobri ao longo desses anos trabalhando com as pessoas que você pode impressioná-las com seus sucessos, mas se quiser influenciá-las, compartilhe seus fracassos. Todo mundo já fracassou, então é uma ótima maneira de se conectar.

O problema é que, como as pessoas se identificam tão rapidamente com o fracasso, às vezes é difícil para elas conectarem-se com o sucesso. E se elas não se identificarem com o sucesso, podem ressentir-se dele.

O QUE IMPEDE AS PESSOAS DE OBTER SUCESSO MUITAS VEZES AS IMPEDE DE COMEMORAR O SUCESSO DOS OUTROS

Frequentemente, as mesmas qualidades que impedem as pessoas de alcançar o sucesso — insegurança emocional, mentalidade de escassez, inveja mesquinha etc. — as impedem de comemorar os sucessos dos outros. Elas constantemente se comparam aos outros e acham que não chegam a seus pés. Como resultado, elas têm dificuldade de lidarem consigo mesmas.

O orador profissional Joe Larson uma vez disse: "Meus amigos não acreditavam que eu poderia me tornar um orador de sucesso. Então, eu fiz algo a respeito. Fui e achei novos amigos!" É triste, mas às vezes é o que é necessário.

As pessoas que comemoram com você se tornam amigos para a vida toda

Durante os primeiros anos de minha carreira, duas pessoas da minha família que comemoravam conosco quando vencíamos eram Dave e Mary Vaughn. Dave tinha mais experiência que eu em sua carreira, e sempre estava pronto para torcer por mim quando eu atingia um objetivo ou passava por um obstáculo. Mesmo quando minha igreja ficou maior que a dele e eu ganhei mais notoriedade, ele nunca se conteve. E 35 anos depois, Mary e ele ainda comemoram conosco!

Cuidado com o monstro de olhos verdes

Em outubro de 2003, na *Catalyst*, uma conferência para jovens líderes realizada pela Maximum Impact, Andy Stanley foi palestrante. Andy é um comunicador eficaz e autêntico. Ele lidera a Northpoint Community Church, uma das maiores igrejas do país com uma frequência de mais de quinze mil pessoas todo final de semana. (Só para o caso de você

PARTE III

não estar familiarizado com o mundo das igrejas, isso põe a frequência da Northpoint entre as top 1 por cento de todas as igrejas dos EUA.)

A segunda sessão de Andy foi sobre quatro características que podem derrubar um líder: culpa, raiva, ganância e inveja. Andy confessou que às vezes passava por momentos de inveja profissional quando ouvia outras pessoas de sucesso falarem. Ele disse: "Eu tenho que fazer um esforço extra para comemorar o sucesso das outras pessoas que fazem o que eu faço."

Esse potencial para a inveja se estende até mesmo aos amigos mais próximos de Andy, incluindo Louie Giglio, que dirige a Choice Resources. Andy explicou:

Louie e eu somos amigos desde a sexta série... Conhecemo-nos em um acampamento para jovens, sob um beliche, enquanto os seniores discutiam lá em cima. Louie é simplesmente um comunicador fenomenal. Quando eu anuncio na nossa igreja que Louie Giglio vai falar na semana que vem, todos começam a bater palmas e temos casa cheia no domingo. E depois por quatro ou cinco dias no resto da semana todo mundo fica: "Oh, Louie, Louie, Louie."

Andy continuou e disse como Louie sempre ensina plateias lotadas e seus eventos e entrega um material fenomenal. E toda vez que Andy o ouve falar, uma pequena ponta de inveja ameaça aparecer.

Tais sentimentos poderiam destruir o relacionamento de Andy e Louie, e esse relacionamento é profundo. Não só eles às vezes trabalham juntos, mas suas famílias são próximas, e eles até tiram férias juntos. Como Andy lida com a inveja que sente? Comemorando os feitos de Louie. Quando Louie transmite uma grande mensagem, Andy faz um esforço extra para elogiá-lo e comemorar com ele. E Louie faz o mesmo com ele. Andy disse: "Não basta pensar. Eu tenho que falar porque é assim que eu limpo meu coração. A comemoração é como você derrota a inveja."

Torne-se um iniciador de festas

Andy não está sozinho. Se a maioria das pessoas fosse honesta, admitiria os sentimentos de ciúme ou inveja quando testemunha o sucesso dos outros — mesmo quando as pessoas que venceram são amigos próximos ou indivíduos que eles mentorearam. Já lutei contra sentimentos de inveja. Você não? Então como você aprende a comemorar com os outros em vez de ignorá-los ou miná-los? Comece tendo estas quatro atitudes:

1. Perceba que não é uma competição

É impossível fazer qualquer coisa de real significado sozinho. É muito difícil atingir o sucesso sem ajuda. E mesmo quando você se torna uma pessoa de sucesso, você não o aproveitará sem amigos. A vida é melhor em uma comunidade de pessoas que você ama e que também o amam.

PARTE III

Quando penso no valor da comunidade, muitos pensamentos me vêm à mente:

Meu sucesso só pode ser atingido com os outros.
Minhas lições só podem ser aprendidas a partir dos outros.
Minhas fraquezas podem ser fortalecidas pelos outros.
Minha subserviência só pode ser testada sob a liderança dos outros.
Minha influência só pode ser combinada por intermédio dos outros.
Minha liderança só pode ser focada nos outros.
Só posso dar o meu melhor aos outros.
Meu legado só pode ser deixado para os outros.
Então eu devo me comprometer e comemorar com os outros!

As outras pessoas têm um impacto em todos os aspectos da vida. Na maior parte do tempo, escolho com a minha atitude se esse impacto vai ser positivo ou negativo.

A artista Bette Midler disse: "A pior parte do sucesso é tentar achar alguém que fique feliz por você." Não enxergue amigos, família e colegas como competição. Seja o raro tipo de pessoa que fica feliz quando os outros vencem.

2. Comemore quando os outros veem o sucesso

Nem todo mundo vê o sucesso da forma como você o vê. No que diz respeito ao Princípio da Comemoração, você deve estar disposto a olhar para as coisas sob o ponto de vista das outras pessoas. Quais são os sonhos delas? Quais os objetivos que elas estipularam? Que batalhas estão lutando? Quando elas conseguirem algo que seja importante para elas, então comemore! E seja especialmente cuidadoso quando um amigo conseguir uma coisa que você já conseguiu e talvez ache que não é mais novidade. Certifique-se de comemorar com entusiasmo. Nunca roube o brilho de uma pessoa.

3. COMEMORE OS SUCESSOS QUE OS OUTROS AINDA NÃO VEEM

Às vezes, as pessoas dão grandes passos e nem estão cientes disso. Você já começou a fazer dieta ou exercício e depois de um tempo sentiu que estava dando murro em ponta de faca, somente para um amigo depois lhe falar como você está ótimo? Ou você nunca trabalhou em um projeto e se sentiu desencorajado pelo seu progresso, mas alguém ficou maravilhado com o que você conseguiu? É inspirador, e faz com que você queira dar muito mais duro. Se um amigo *ainda não* fez isso para você, então pode ser que você precise de uns amigos novos — pessoas que pratiquem o Princípio da Comemoração. E você definitivamente deve comemorar os sucessos das pessoas que você mentoreia que podem passar despercebidos aos outros.

4. COMEMORE MAIS COM QUEM ESTÁ MAIS PRÓXIMO DE VOCÊ

Quanto mais próximas as pessoas são de você e quanto mais importante o relacionamento, mais você deve comemorar. Comemore antes e muitas vezes com os que são mais íntimos — especialmente com seu marido ou sua esposa e filhos, se você tem uma família. Geralmente, é mais fácil comemorar as vitórias no trabalho ou em um *hobby* ou esporte. Mas as maiores vitórias que ocorrem na vida são as que acontecem em casa.

Meu amigo Dan Reiland diz: "Um amigo genuíno nos encoraja e desafia a vivermos nossos melhores pensamentos, honrar nossos motivos mais puros e atingir nossos sonhos mais significativos." É isso que precisamos fazer com as pessoas mais importantes em nossa vida.

Tenho uma confissão a fazer. Nem sempre fui um praticante do Princípio da Comemoração no trabalho. Sempre fui bem comemorando em casa, mas no começo da minha carreira eu era muito competitivo. Eu era motivado a conseguir coisas, e sabia muito bem onde estava no *ranking* em comparação aos meus colegas. Eu ficava secretamente contente ao ver meu progresso enquanto subia nesse *ranking*. Mas quando eu progredia em direção ao topo, alguma coisa aconteceu. Atingir meus objetivos não foi nem um pouco tão recompensador quanto eu esperava que fosse. Eu senti que estava faltando alguma coisa.

No fim dos anos 1980 e no começo dos anos 1990, finalmente comecei a mudar. Quando fiz 40 anos, percebi que, para atingir meus objetivos, precisaria da ajuda dos outros. Comecei a desenvolver meus funcionários mais agressivamente para liderar. Inicialmente, minhas motivações eram um pouco egoístas. Mas, ao ajudar os outros a vencer, descobri que isso me dava grande alegria, independentemente de se isso me beneficiava pessoalmente.

O que descobri foi que a jornada é muito mais divertida se você levar alguém com você. É difícil ter essa perspectiva se seu próprio sucesso é a única coisa que você comemora. Se você quiser que os outros vençam ao seu lado, então você deve encorajá-los, mentoreá-los, e comemorar os sucessos deles. Isso não só lhes dá mais incentivo para continuar lutando por seus sonhos, mas também os ajuda a curtir a viagem. Quando comecei a estender as mãos e comemorar os sucessos dos outros, descobri que isso me trouxe mais alegria do que meu próprio sucesso.

Agora tento comemorar com tantas pessoas quanto consigo — não só com minha família, amigos e colegas mais próximos, mas também com as pessoas mais distantes, fora do meu círculo. Quanto mais pessoas eu puder encorajar e ajudar a vencer, mais eu gosto. Se você ajudar um bom número de pessoas, a festa nunca acaba.

NOTAS

Capítulo 1
1. Robert G. C. Waite. *The Psychopathic God: Adolph Hitler* [O Deus Psicopata: Adolph Hitler]. New York: Basic Books, 1977, pp. 244–45.

Capítulo 2
1. Lee Iacocca e William Novak. *Iacocca*. New York: Bantam, 1986.

Capítulo 3
1. In: Ted J. Rakstis. "Creativity at Work" [Criatividade no Trabalho]. *Kiwanis Magazine*.
2. Joe Griffith. *Speaker's Library of Business* [A Biblioteca dos Negócios do Orador] Englewood Cliffs: Prentice-Hall, 1990, p. 55.

NOTAS

Capítulo 4

1. Bennet Cerf. *The Sound of Laughter* [O Som do Riso]. Garden City, NY: Doubleday and Company, 1970, p. 54.

2. Morton Hunt. "Are You Mistrustful?" [Você é Desconfiado?] *Parade*, 6 de março de 1988.

Sobre o autor

John C. Maxwell é um especialista em liderança, orador e escritor internacionalmente reconhecido que já vendeu mais de 19 milhões de livros. Suas organizações já treinaram mais de 2 milhões de líderes em todo o mundo. Maxwell é o fundador da EQUIP e da INJOY Stewardship Services. Todo ano ele fala a empresas da *Fortune 500*, líderes governamentais internacionais, e plateias tão diversas quanto a Academia Militar dos EUA, em West Point; a Liga Nacional de Futebol e embaixadores na ONU. Escritor entre os mais vendidos do *The New York Times*, *Wall Street Journal* e *Business Week*, Maxwell foi eleito o maior guru de liderança do mundo pelo Leadershipgurus.net. Três de seus livros, *As 21 Irrefutáveis leis da liderança*, *Você nasceu para liderar* e *As 21 indispensáveis qualidades de um líder* já venderam mais de 1 milhão cada um.

Este livro foi composto em Bembo 12/16 e impresso
pela Assahi sobre papel pólen soft 80g/m²
para a Vida Melhor em 2021.